노동학총서 3

공공기관 노정교섭

고려대학교 노동문제연구소
박태주·이종선·노광표·유병홍

2019
백산서당

발 간 사

최근 공공기관의 사회적 역할과 공공성 강화에 대한 사회적 관심이 커지고 있다. 공공기관은 시장성과 경제적 효율을 강조하는 민간부문에서 하기 어려운 다양한 사회공공서비스를 제공할 뿐만 아니라 안정되고 좋은 일자리를 통해 혁신도시 지역 경제에도 많은 도움을 주고 있기 때문이다. 그런데 공공기관의 사회적 역할과 공공성 강화 측면에서 가장 핵심적 요소는 바로 공공기관 노사관계라고 할 수 있다.

공공기관 노사관계는 그동안 정부의 일방적인 경영지침 및 임금가이드라인, 그리고 정책 결정 과정에서 노조의 일방적 배제로 점철됐다. 하지만 공공기관의 노동조합은 민간부문에 비해 높은 조직률에도 불구하고 분산된 기업별 노조 체제에 기반을 둔 느슨한 산별 연맹체제에 머물러 정부의 일방적인 노동배제에 적극적으로 대응하지 못해왔다.

따라서 이 연구는 공공기관 노사관계에서 정부의 노동배제를 극복하는 수단으로서 노정 간 정책협의 및 공공부문 산별교섭을 위한 방안을 모색하고 있다는 점에서 매우 중요한 의미가 있다. 먼저 이 연구에서는 공공기관의 기업별 노조에서 산별 노조 체제로의 전환 필요성과 조직화 방안을 제시하고 있다. 여기서 공공기관의 산별 체제는 산업·업종 차원의 교섭구조와 사회적 대화 기구를 병렬적으로 배치하는 조직 개념이라고 할 수 있다.

무엇보다 공공기관 집단교섭을 수행하기 위해서는 사용자 단체의 구성이 필수적이다. 공공기관 특성상 정부의 공식 또는 암묵적 허용 없이 공공기관 사용자 단체를 구성하기는 쉽지 않다고 할 수 있다. 이와 관련하여 정부의 적극적인 역할을 기대하기 어렵다면 노동조합이 개별 사용자를 대상으로 '집단교섭 참가 확약서'를 확보하고 이에 동의한 사용자들로 업종 차원의 사용자 단체를 구성할 수 있다.

다른 방법으로는 노정 협의나 사회적 대화를 통해 전국 차원의 사용자 단체를 구성하는 방안을 모색할 수 있다. 이 경우 전국 차원의 사용자 단체가 구성되면 정책협의 사항을 노사교섭 사항으로 전환하는 방식을 채택할 수 있다.

하지만 공공기관 정책협의 및 집단교섭을 끌어내기 위한 가장 중요한 토대는 노동조합의 조직형태에 있다고 할 수 있다. 특히 노정 협의 및 교섭과정에서 조직의 대표성과 합의 내용에 대한 이행능력을 확보할 필요가 있기 때문이다. 공공기관 노동조합 사이의 통합과 단일 산별노조가 시급한 이유가 바로 여기에 있다.

또한, 공공기관의 사회적 대화 기구가 만들어질 경우, 산하 공공기관 임금 결정기구의 설립은 공공기관 내부의 임금을 둘러싼 노사갈등을 줄이고 그 대신 노사협력의 공간을 마련해 줄 수 있을 것으로 판단된다. 공공기관 산별교섭으로 일정 부분 빠져나간 기관 단위 교섭을 경영참가 형태로 바꾸어 나간다면 공공부문 노사관계의 안정은 물론 공공서비스의 질을 보다 높여줄 수 있는 토대가 될 것이다. 만약 이러한 공공기관 정책협의와 집단교섭이 현실화된다면 산별노조(연맹) 사이의 통합은 물론 전체 노동조합 운영의 집중화·산별 조직화도 탄력을 받게 될 것으로 보인다.

요컨대 이 연구에서 제시하고 있는 공공기관에서의 정책협의·집단교섭이라는 산별교섭 구조는 결국 공공기관 노조와 정부 사이의 합의로 결정될 수밖에 없다고 할 수 있다. 만약 현재 논의되고 있는 경제사회노동위원회 내 공공기관 사회적 대화 기구로서 '공공기관위원회'가 구성되고 활성화된다면 내부적으로는 정책개입을 통해 노동운동의 공공적 가치를 실현하고 외부적으로는 산업·업종 차원의 사회적 대화를 촉진하는 계기가 될 것이다.

이러한 점에서 이 연구가 향후 공공기관의 노사관계 발전에 큰 도움이 되기를 기원하면서 그동안 연구에 힘써주신 박태주 박사님을 비롯한 연구진 여러분께 진심으로 감사하다는 말씀을 전해드린다.

2019. 1. 30.
고려대학교 노동대학원 원장 겸 노동문제연구소 소장

조 대 엽

차 례

발 간 사 · 3

제1장 서 론 ··· 13
1. 문제 제기 · 14
2. 연구의 대상 및 방법 · 17

제2장 공공기관 단체교섭구조 ·· 19
1. 허구적인 기관별 단체교섭 · 20
2. 대안적 임금교섭구조에 대한 평가 · 23

제3장 공공기관 단체교섭(협의) 제도의 설계 ························ 27
1. 노정 직접교섭이 가능한가 · 28
2. 노정 합의에 의한 '협의-교섭' 구조의 설계 · 35

제4장 공공기관 '정책협의 · 집단교섭' 구조 ························· 41
1. 공공기관 정책협의기구의 구성 · 42

2. 노사 집단교섭 방안 · 46

      1) 집단교섭의 구조와 사용자 단체의 구성 · 46

      2) 노동조합의 조직 기반 · 56

   3. 공공기관 사회적 협의기구의 구성 및 운영 · 59

   4. 기업 차원의 경영참여 · 65

제5장 공공부문 노정교섭 실현을 위한 조건 ·························· 69

   1. 공공부문 산별조직체계의 확립 · 70

      1) 공공서비스 산별노조주의의 정립 · 70

      2) 공공부문 산별노조 현황과 조직 발전 방안 · 74

         (1) 공공부문 노동조합 현황 · 74

         (2) 공공부문 산별노조(연맹) 현황 분석 · 87

      3) 공공부문 산별체제 확립 과제 · 108

   2. 노정교섭을 위한 법·제도적 조건의 정비 · 111

      1) 「공공기관의 운영에 관한 법률」 개정 · 111

         (1) 공공기관운영위원회의 독립적 행정위원회 형태로의 개편 · 113

         (2) 공공기관운영위원회 산하 소위원회 구성과 투명성 확보 · 115

         (3) 공공기관 기능조정 및 혁신: 공공부문 사회적 대화기구의 활용 · 116

         (4) 공공기관 인사추천위원회 강화 및 노동이사제 도입 · 117

         (5) 공공기관 운영 및 예산 관련 조항 개정 · 118

      2) 노동기본권 확보를 위한 ILO 핵심 협약 및 제151호 비준 · 119

      3) 「공공기관의 단체교섭에 관한 법률」의 제정 · 123

      4) 공공부문 단체협약의 효력 확장 · 127

      5) 기타 사항 · 129

제6장 공공부문 노정교섭 사례 분석 ·· 131

1. 서울시 투자기관 성과연봉제 집단교섭 사례 · 132
    1) 2016년 서울시 투자기관 성과연봉제 집단교섭 · 134
        (1) 노사정서울모델협의회 · 135
        (2) 집단교섭 추진 배경 · 136
        (3) 집단교섭 진행 경과 · 138
        (4) 집단교섭 과정에서 나타난 주요 요구안과 합의안 · 140
    2) 집단교섭 경험에서 나타난 주요 쟁점과 의미 · 144
        (1) 집단교섭 경험이 공공부문노사관계에서 갖는 의미 · 144
        (2) 집단교섭 운영합의가 갖는 의미 · 147
        (3) 사적조정이 갖는 의미 · 151
        (4) 서울시 노사정 성과연봉제 관련 후속 합의가 갖는 의미 · 156
    3) 총괄 정리와 이후 과제 · 159
        (1) 총괄 정리: 사공이 많으면 배가 빨리 간다 · 159
        (2) 이후 검토 사항과 과제 · 162

2. 노사정위 공공부문발전위원회의 설치 및 운영 · 172
    1) 공공부문발전위원회의 개요 · 172
    2) 공공부문발전위원회의 주요 활동 · 175
    3) 공공부문발전위원회의 평가 및 향후 과제 · 179

제7장 결 론 ·· 183

참고문헌 · 187
찾아보기 · 191

표 차 례

<표 3-1> 공공부문발전위원회 2015년도 예산편성지침 논의 결과   32
<표 4-1> 공공기관노동조합의 특성(업종)별 조합원 수   47
<표 4-2> 양대노총 공대위 소속 공공기관노조   48
<표 4-3> (가칭) 노사관계 안정과 사회공공성 제고를 위한   53
<표 4-4> 공공기관노동조합의 상급단체별 노동조합 현황   57
<표 4-5> 서울시 공공기관 노동이사제 주요 내용   67
<표 5-1> 공공기관노동조합 현황   74
<표 5-2> 지방공사·공단 노동조합 현황   75
<표 5-3> 공대위 소속 공공기관노조   76
<표 5-4> 공공기관 노동조합 결성 현황(2017년 1/4분기): 공공기관 유형별   77
<표 5-5> 공공기관노동조합의 조합원 규모별 비중   79
<표 5-6> 공공기관 노동조합 고용형태별 조직률 : 공공기관 유형별   80
<표 5-7> 공공기관노동조합의 산별연맹별 조직 수 및 총 조합원 수   81
<표 5-8> 공공기관노동조합의 특성(업종)별 조합원 수   83
<표 5-9> 지방공사·공단 노동조합 유무 현황   84
<표 5-10> 지방공사·공단 상급단체 노동조합 현황(Ⅰ)   85
<표 5-11> 지방공기업노조 상급단체 노동조합 현황(Ⅱ)   86
<표 5-12> 공공연맹 산하 조직 및 조합원 수   89
<표 5-13> 공공노련 조직 및 조합원 수   94
<표 5-14> 금융노조 산하 조직 현황(2017년 5월 현재)   96
<표 5-15> 금융노조 조합원 수 추이   97
<표 5-16> 금융노조 소속 공공기관노조 및 조합원 수   98

<표 5-17> 공공운수노조 조직 현황 및 조합원 수	100
<표 5-18> 중앙 공공기관 세부 현황	101
<표 5-19> 지방 공공기관 세부 현황	104
<표 5-20> 업종별, 유형별 중앙 공공기관 세부 현황	105
<표 5-21> 보건의료노조 조직 현황	106
<표 5-22> 보건의료노조 소속 공공기관 현황	107
<표 6-1> 집단교섭 관련 진행 경과	139
<표 6-2> 집단교섭 노사 양측 요구안	141
<표 6-3> 서울특별시투자기관 성과연봉제관련 집단교섭 운영합의	142
<표 6-4> 서울특별시투자기관 성과연봉제관련 집단교섭 노사합의	143
<표 6-5> 집단교섭 합의에 따른 서울시 노·사·정 합의(2016.10.10.)	143
<표 6-6> 사적조정 관련 노조및조정법 조항	152
<표 6-7> 사적조정회의 원칙	154
<표 6-8> 공공부문 발전위원회 위원 구성	173
<표 6-9> 공공부문발전위원회 회의 운영 결과	174
<표 6-10> 공공부문발전위원회 2015년도 예산편성지침 논의 결과	176
<표 6-11> 공공부문발전위원회 논의결과	177

그림차례

<그림 1-1> 산별체제의 개념　16
<그림 2-1> 기업별 체제의 삼각형　22
<그림 2-2> 공공기관 단체교섭(협의) 모델　24
<그림 3-1> 공공기관의 교섭-협의 전략　34
<그림 4-1> 보건의료노조 협의-교섭구조의 설계(예)　49
<그림 5-1> 공공부문 산별체제의 구성　73
<그림 5-2> 공공기관 유형별 조합원 수　78
<그림 5-3> 공공기관의 고용형태별 노조 조직률　79
<그림 5-4> 공공기관노동조합의 총연합단체별 조직수 및 조합원 수　81
<그림 6-1> 노사정서울모델협의회 구성 인원과 체계도　136

1 서 론

제1장 | 서 론

1. 문제 제기

공공기관 노사관계는 노동배제의 정치로 특징지어진다. 노동조합은 임금 및 근로조건의 결정과정에서조차 제 목소리를 내지 못하고 있다. 단체교섭은 기업 차원에서 이뤄지면서 '사용자 없는 단체교섭'이 되고 있으며 교섭이라기보다는 중앙정부의 지침을 확인하는 전달벨트가 되고 있다. 공공기관 노조의 단체교섭권은 빛 좋은 개살구다.

공공기관 노사관계에서 노동배제는 임금이나 근로조건의 결정과정에 그치지 않는다. 민영화나 구조조정, 임금피크제나 성과연봉제의 도입, 그리고 단체협약 시정명령에서 보듯 그것은 노사관계의 전 영역에서 관철되고 있다. 경영의 의사결정과정에 대한 개입도 경영권이나 인사권이란 장막으로 차단되고 있다. 공공기관 노사관계가 노정 사이의 (현재적이거나 잠재적인) 각축장으로 바뀐 배경에는 노조에 대한 구조화된 배제와 이에 대한 노조의 반발이 자리를 잡고 있다.

공공기관 노조에 대한 정부의 배제에는 노조측 요인도 한 몫 거들었다. 공공기관 노동조합의 높은 조직률에도 불구하고 정부의 노조배제를 현실화시킨 중요한 축은 분권화되고 분산된 기업별 노조체제1)다. 다양한 연맹(산별노조)으로 나눠졌지만 연맹 사이의 통합은 지지부진했으며 산별전환 작업도 더뎠다. 정부의 공공개혁이나 임금체계의 변화와 같은 전체 공공기관 차원의 정책이슈 앞에서 기업별 체제로는 제 안마당을 지키는 것조차 힘에 부쳤다. 결국 공공기관 노사관계에서 노동의 배제는 중앙정부에 의한 노동배제와 그것을 현실화시킨 기업별 노조체제가 결합된 산물이다.

이 글은 크게 두 가지 목적을 가진다. 첫째, 공공기관 노사관계에서 노동의 배제를 극복하는 수단으로 노정 사이의 정책협의와 노사 사이의 집단교섭을 제안한다. 임금 및 근로조건은 물론 공공정책의 결정과정에 노조가 참여한다는 것은 노동배제에서 노동참여로 가는 징검다리다. 또한 그것은 노동조합이 노동자의 삶에 영향을 미치는 의사결정과정에 참여한다는 점에서 경제민주주의의 일환을 이룬다(Dahl, 1985).

둘째, 노동조합의 실질적인 참가를 실현시킬 수 있는 조건을 검

---

1) 기업별 노조체제란 기업별 노조를 기반으로 하는 기업별 교섭체제와 노사협의제도를 말한다. 산별노조에 소속되었다고 하더라도 교섭 및 협의구조가 기업에 묶여 있으면 기업별 체제에 속한다. 공공기관에서 기업별 체제는 상당 부분 노조가 선택한 결과다.

토한다. 여기에는 노조 조직형태의 발전과 정책협의기구로서 사회적 협의기구의 구성, 그리고 기업 차원의 경영참여가 포함된다. 노동조합이 정부 및 사용자와의 관계에서 교섭체제와 사회적 대화체제를 형성하는 작업과 내부적으로 조직구조를 정비하고 운동노선을 정립하는 작업은 선후라기보다는 동시 병행적으로 진행되는 과정이다.

<그림 1-1> 산별체제의 개념

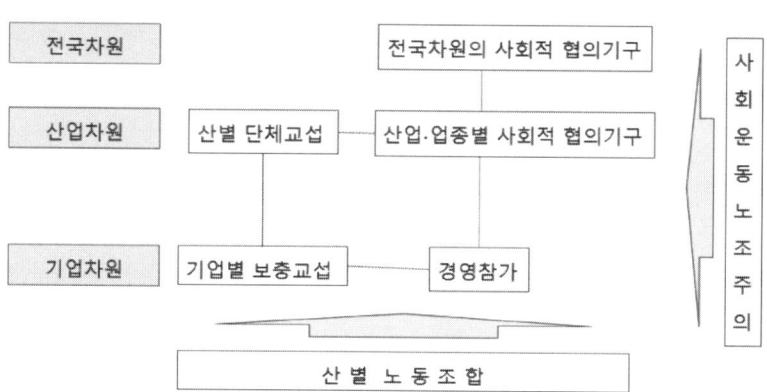

자료: 박태주(2016a).

결론적으로 이 글은 공공기관 노사관계에서 산별체제를 형성하는 작업이다(박태주, 2016 참조). 산별체제란 산별노조를 바탕으로 삼아 산별교섭구조와 산업·업종 차원의 사회적 대화기구를 병렬적으로 배치하는 개념이다. 기업 차원에서는 경영참여가 뒤따른다(<그림 1-1>). 산별교섭구조와 산업 차원의 사회적 대화기구는 교섭 및 협의 대상의 차이에서 오는 한계를 서로 보완한다. 교섭은 원칙적으로 임금 및 근로조건을 다룬다면 협의는 비교섭사항, 즉 정책사항이나 인사·경영사항을 의제로 다룬다. 이를 통해 노조는 임금 및 근로조건의 결정과정은 물론 산업·공공정책의 형성과정에 참여한다. 또한 임금결정기구의 외부화(산별화)는 임금을 둘러싼 기관 내부의 노사갈등을 줄이고 협력의 공간을 마련한다. 기업 내부에서 교섭이 빠져나간 빈 공간을 경영참여가 메우면서 노사관계의 안정은 물론 공공서비스의 질을 향상시킬 수 있는 토대가 형성된다.

2. 연구의 대상 및 방법

이 글에서 연구의 대상은 공공기관 노동조합이다. 공공기관이라 함은 "정부가 일정한 근로자에 대하여 사용자의 지위에서 근로조건을 결정하고 통제하는 부문"을 말한다(이철수·강성태. 1997). 이는 소유와 지배구조의 측면에서 공공부문을 이해하는 것으로(정재하, 2005) 제공하는 서비스의 성격에 따른 분류와는 구분된다. 구체적으로는 '공공기관 운영에 관한 법률'(공공기관운영법)에 따른 공공기관과 지방자치단체가 설립하고 운영하는 기관(지방공기업과 지자체 출자·출연기관)을 말한다. 폭을 넓히면 공기업의 자회사나 민간위탁까지 포함된다.

  이 글은 공공기관 가운데서도 공공기관운영법에 따른 공공기관과 지자체 공공기관을 다룬다. 공공기관운영법에 따른 공공기관은 정부의 투자·출자 또는 정부의 재정지원 등으로 설립·운영되는 기관으로서 기획재정부장관이 지정한 기관을 말한다. 시장형 및 준시장형 공기업, 준정부기관, 그리고 기타 공공기관이 그것이다. 지자체 공공기관은 지자체 투자기관(공사·공단)과 출자·출연기관으로 구성된다. 지자체 공공기관에서는 중앙공공기관에서 결정되는 임금 및 근로조건의 결정방식이 적용되거나 준용된다.

  연구방법에서 특징적인 것은 공공기관 노동조합의 정책담당자들과 연구진들이 지속적으로 토론하면서 단체교섭권을 실질적으로 확보할 수 있는 방안을 찾고 또 그것을 실현시킬 수 있는 조건들을 탐색해 왔다는 점이다. 양대 노총 공공기관노동조합 공동대책위원회(공대위)에 소속된 노조(연맹)의 정책담당자들은 노조와 관련된 자료를 제공하였으며 연구진과는 교섭구조와 사회적 대화에 대해 총 일곱 차례에 걸쳐 토론을 진행했다. 노조는 자신의 의견을 문건으로 제출하기도 했다. 이런 점에서 이 연구결과는 현장과 이론이 결합하여 만든 공동의 생산물이다.

2
공공기관 단체교섭구조

제2장 ▎공공기관 단체교섭구조

1. 허구적인 기관별 단체교섭

공공기관의 단체교섭은 분권화된 기관별 교섭을 특징으로 한다(노광표, 2016b). 이는 '통제의 집중화와 대응의 분권화'를 초래했으며 파편화되고 조율되지 않은 교섭구조에서 노조는 각개격파의 대상이었다. 기관별 교섭은 교섭의 형식을 빈 정부의 일방통행식 회랑(回廊)일 뿐 교섭이 아니었다. 노동조합이 기업별로 분산되다보니 공공적인 가치보다 경제적 실리가 앞섰지만 노조의 분권화는 그마저 가로막았다. 공공기관의 노동운동은 기업별 체제에 갇힌 채로 '실리 없는 실리주의'에서 멈췄다.

공공기관의 교섭은 사용자가 의사를 결정할 수 있는 권위가 제한되어 있다는 점에서 '섀도 복싱'(shadow boxing) 또는 '겉보기 교섭'(surface bargaining)이라 불리기도 한다(Katz et al., 2000: 179). 의사결정 권한이나 권위의 결여는 교섭을 교착상태로 몰고 가거나 단체행동의 가능성을 증대시킨다.1) 공공기관 노조의 단체행동은

---

1) "나와 마주 앉아 있는 사람들은 협상에서 어떤 양보나 동의를 할 아무런

형식적인 사용자에 대한 경제적 압력보다는 실질적인 사용자(정부)에 대한 정치적 압력의 형태를 띠는 경우가 많다.

  기관별 교섭이 갖는 또 하나의 문제는 그것이 기업별 체제의 물적 토대가 된다는 점이다. 단체협약이 산별이나 전국 차원에서 체결되면 노조는 상대적으로 집중화되고 단체협약이 지역이나 작업장 수준에서 체결되면 노조는 분권화된다(Clegg, 1976: 9). 같은 맥락에서 기업별 교섭은 기업 차원의 내부노동시장과 결합하여 기업별 체제를 고착시킨다. 내부노동시장의 핵심요소는 연공형 임금체계다. 연공형 임금체계는 임금을 기업 차원에서 결정함으로써 기업을 외부노동시장과 분리시킨다. 그러나 공공기관에서 기업별 임금교섭은 주어진 지침의 범위 내에서 이뤄질 뿐이다. 파이의 양이 아니라 파이의 배분만 다룬다는 점에서 반쪽짜리 교섭을 벗어나지 못한다. 임금인상의 폭은 중앙정부가 결정한다. 그런데도 노동조합들이 기업별 체제에 매달리는 것은 앞뒤가 맞지 않는, 현실 안주에 다름 아니다.2)

    권한이 없다… 권한이 없는 상대와 한동안 밀고 당기고 할 때 무슨 일이 일어날까? … 나는 결국 나 자신하고 입찰을 하고 있는 셈이다 … 그렇기 때문에 권한을 완전히 가지고 있지 않은 사람하고는 결코 협상하지 말아야 한다"(Cohen, 1980: 201).

 2) 사실 공공부문에서 기업별 교섭구조는 생명을 다한 지가 오래다. 임금가이드라인이 현실화되면서 기업별 교섭구조는 정해진 파이의 분배기능 이상을 수행하지 못했다. 한편 기업별 체제를 유지하는 '마지막 보루'인 연공형 임금체계도 저성장 체제가 고착되고 노동시장의 유연성이 강화되는

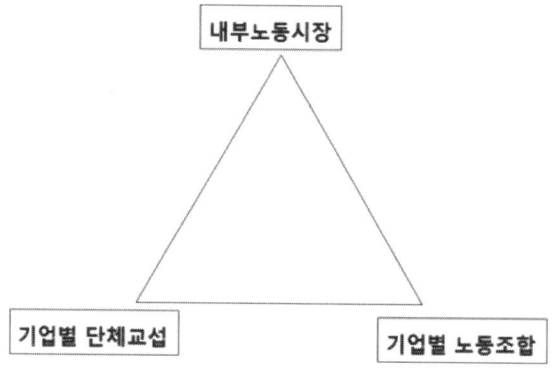

<그림 2-1> 기업별 체제의 삼각형

 분권화된 단체교섭이라고 해서 조율(coordination)이 이뤄지지 않는 것은 아니다. 교섭구조가 분권화되다보니 오히려 조율이 중요해진다. 조율은 두 가지 방법으로 시도된다. 하나는 중앙정부에 의한 통제다. 예산편성지침과 운영지침, 경영평가, 감사 등을 활용해 정부는 단체교섭을 정부의 입맛에 맞췄다. 이런 점에서 공공기관의 단체교섭은 겉보기로는 파편화된 교섭이었지만 내용적으로는 정부의 통제가 관철되는 '조율된' 과정이었다.
 다른 하나는 양대 노총 공대위가 공동대응을 축으로 시도하는 조율이다. 그러나 공대위는 협의체인데다 상급단체로서의 지도력이나 통제력을 갖추지 못했다. 노조는 개별화된 교섭구조 속에서 경영평가 성과급에서 보듯 정부지침의 이행을 둘러싸고 경제적 실

상황에서 더 이상 지속 가능하지 않다.

리주의까지 드러냈다. 노조측의 조율은 기업별 실리주의 앞에서 한계를 드러내고 말았다. 공공기관의 임금교섭권은 정부의 지침에 묶여 있고 단체행동권은 필수유지업무에 묶여 있다는 점에서 공공기관의 노동권은 빈껍데기만 남는다.

    결론적으로 공공기관 노동조합은 단체교섭권을 박탈당하고 있다고 해도 과언이 아니다. 현행의 정부주도적 임금결정은 달리 말해 노조배제적 임금결정이며 권위주의적 임금결정이다. '합의 없는' 임금 및 근로조건의 결정은 노사갈등의 잠재적인 요인이 된다. 뿐만 아니라 노조가 정책이나 경영의 의사결정과정에서도 배제되고 있다는 것은 노조가 산업적 시민권조차 확보하지 못하고 있다는 사실을 말한다. 이 글은 바로 이 지점, 노조가 이중적으로 배제되고 있는 상황에서 노조가 참여할 수 있는 방안을 모색한다.

2. 대안적 임금교섭구조에 대한 평가

    공공기관에서 기업별 교섭체제를 새롭게 설계하려는 움직임은 많았다. 공공기관 노조가 줄곧 노정 직접교섭을 주장해 왔다면 박태주(2001)나 노광표(2016a)는 노정 협의를 주장해왔다는 점에서 구별된다. 특히 노광표는 노정 사이의 정책협의와 이를 기반으로 하는 집단교섭을 제안하고 있다는 점에서 공공기관 노조와 정부 사이의 새로운 소통경로를 제시한다.

<그림 2-2>는 노광표가 밝히고 있는 공공기관의 대안적인 단체교섭 모델이다('노광표 모델'). 이 모델은 전국 차원의 정책협의와 특성별 집단교섭, 그리고 기업 차원의 보충교섭을 중층적으로 배치한다. 먼저 전국 차원에서는 정책협의를 통해 공공기관의 임금 및 근로조건을 결정한다. 이는 (가칭)「공공부문 임금·근로조건위원회」가 담당한다. 두 번째는 특성별 집단교섭을 통해 임금인상분을 나누거나 기타 근로조건의 기준을 정하고 마지막으로는 기관별 보충교섭에서 구체적인 임금 및 근로조건을 결정한다. 한편 전국 차원의 정책협의는 부처(업종) 차원의 정책협의로 이어지면서 노조가 정책결정과정에 참여할 수 있는 기회를 제공한다.

<그림 2-2> 공공기관 단체교섭(협의) 모델

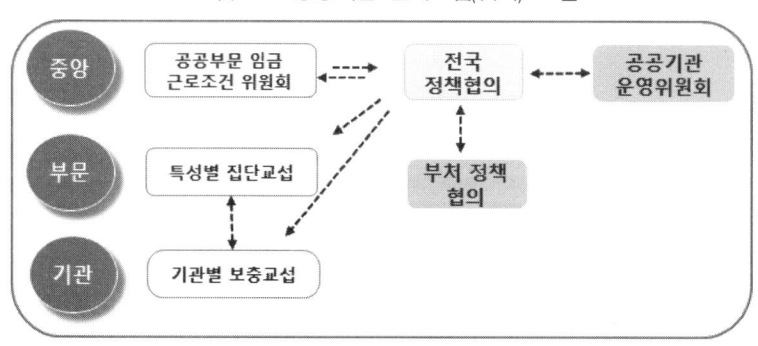

평가를 하면 이렇다. 먼저 이 안은 임금 및 근로조건의 결정과정에서 협의와 교섭이라는 두 개의 경로(two-track)를 제안하고 있다. 정책협의를 통해 교섭사항뿐 아니라 비교섭사항에 대해서도

노조의 참가를 분명하게 제시하고 있다는 점도 강점이다. 이 모델을 보완하는 수준에서 몇 가지 문제를 지적할 수 있다. 교섭의 단계적인 발전과 관련하여 전국 차원의 단체교섭이 상정되지 않고 있다는 점, 특성의 개념과 역할이 분명하지 못하다는 점, 그리고 두 가지 사항에 대한 정책협의, 즉 임금 및 근로조건에 대한 정책협의와 공공정책에 대한 정책협의가 연계되지 않고 있다는 점 등이 그것이다.

먼저 왜 특성별 교섭이 아니라 전국 차원의 집단교섭을 상정하지 않는가라는 점이다. 비예산 관련 근로조건은 말할 것도 없거니와 임금인상률이 확정되더라도 배분의 원칙이 전국교섭의 대상이 되지 못할 이유는 없다. 전국 차원에서 단체교섭이 이뤄지면 부처 간 임금 및 근로조건의 격차를 축소시키는 효과를 낼 수도 있다.

특성의 개념이 안개속이라는 사실도 지적할 수 있다. 특성별 집단교섭이 '부처 정책 협의'와 수평적으로 배치된다는 점에서 부처나 업종에 대응하는 개념으로 보이지만 분명한 건 아니다. 그것이 기계적으로 부처에 대응하는 개념으로 볼 이유는 없다. 부처 간 노조의 조직력 편차가 심해 부처에 따라서는 교섭구조를 설계하기가 어려운 곳도 존재할 뿐더러 부처 간 임금 및 근로조건의 편차를 어떻게 조정하는가 하는 문제도 남는다.

세 번째로는 교섭과 협의의 관계가 분명하지 못하다는 점이다. 교섭사항과 비교섭사항은 칼로 무 베듯 확연하게 나눠지는 것이 아닐 뿐더러 비교섭사항이 임금 및 근로조건에 영향을 미치는 경우도 허다하다. 교섭사항과 비교섭사항 사이에서 교환이 발생하기도 한다. 따라서 교섭과 협의는 통일적으로 파악할 필요가 있다. 후술하듯이 (가칭)「임금·근로조건 위원회」를 공공기관의 사회적 대화기구 내에서 배치한다든지 업종 차원에서 집단교섭과 정책협의를 병렬적으로 배치하는 이유도 여기에 있다.

결론적으로 공공기관의 단체교섭을 협의-교섭구조라는 경로로 제시한 '노광표 모델'은 몇 가지의 한계에도 불구하고 실현가능한 대안이라는 의미를 갖는다. 이 글은 노광표 모델을 기반으로 공공기관의 '협의-교섭구조'를 설계한다.

3

공공기관 단체교섭(협의) 제도의 설계

제3장 ▎공공기관 단체교섭(협의) 제도의 설계

1. 노정 직접교섭이 가능한가

　임금교섭은 노조의 기본적인 활동이자 조합원의 경제적 이해를 추구하는 핵심적인 수단이다. 그런데 공공기관에서 이뤄지는 기관별 임금교섭에서 노조의 맞은편에 앉는 사용자는 독립된 의사결정권을 갖지 못한 채 정부의 지침을 전달하는 임무를 맡을 뿐이다.
　독점이윤이 존재하는 상황에서 기업별 자율교섭을 보장한다는 것이 합리적인 것도 아니다. 해당 기업의 이윤은 정부정책의 결과로서 종업원의 노력과 무관할 수 있다. 임금수준이 기업수준에서 결정되며 기업의 경영성과에 의존하게 되면 기업 간 임금격차도 문제가 된다. 기업별 자율교섭이 아니라 중앙으로 집중된 노정교섭이 필요한 이유다. 또한 "분권화된 기업별 교섭구조의 비효율성과 노사 또는 노정간의 소모적 분쟁을 없애기 위해서도"(노광표, 2016) 정부가 나서는 것이 바람직하다. 그렇다면 임금인상률이나 핵심적인 배분 기준 등은 중앙 차원의 노정교섭을 통해 정하되 세

부적인 배분기준은 기관별 교섭에서 결정되는 중층적인 교섭구조를 설계할 수 있다.1)

공공기관의 대안적인 임금교섭구조를 설계할 때 핵심적인 질문은 노조와 정부가 직접 교섭하는 것이 가능한가라는 점이다. 결론적으로 이는 현실적으로 가능하지 않을 뿐더러 바람직한 것도 아니다. 몇 가지 이유를 들 수 있다.

먼저 법률상으로 정부는 공공기관 단체교섭에서 사용자가 아니다. 그간 공공기관 노조들은 줄기차게 중앙정부를 사용자로 하는 단체교섭을 요구해 왔다. 그러나 1993년 헌재는 "정부는 노동관계법상의 사용자가 아니다"라고 판결하고 있다. 예산편성지침과 관련해서도 헌법재판소(1993, 2003)는 일관되게 정부의 임금가이드라인 제시는 정당하며 정부가 단체교섭의 상대방이 될 수 없다고 판결하고 있다(노광표, 2016b). 따라서 정부가 노동조합과의 교섭을 거부하더라도 법률적으로 이를 강제하는 방법은 없다. 그렇다고 공공기관 노조가 힘으로 정부의 교섭참가를 강제할 수 있을 것으로 보이지도 않는다.

노동조합이 중앙정부 차원에서 노정교섭을 할 수 있는 준비는 갖

---

1) 실제로 한국노총과 민주당 문재인 대통령 후보는 2017년 5월 1일, 한국노총에서 '대선승리 노동존중 정책연대 협약'을 맺었다. 양측은 「한국노총 정책요구 12대 과제에 대한 이행협약」에서 "공공기관 단체교섭의 실효성 제고를 위하여 공기업 예산편성 지침, 정책 등에 대한 노정교섭 및 협의를 보장하는 협의체 또는 협의기구를 구성한다"고 명시했다.

추고 있는가도 문제가 된다. 분산되고 분권화된 노조의 조직구조는 중앙으로 집중된 교섭을 위한 물적 토대가 되지 못한다. 노조는 대표성과 협약의 이행능력에서 한계를 드러낸다. "역사적으로 사용자 단체는 노동조합이 강력해져 노동시장에서 단체행동에 대한 대응이 사용자 전략에서 피할 수 없는 요소가 된 이후에 나타나기 시작했다"는 건 트랙슬러(Traxler, 2003)의 말이다. 공공기관의 단체교섭에서도 이 말은 유효하다. 정부가 기업별 체제에서 노조에 대한 통제가 가능한데 굳이 교섭구조를 집중시켜 정치적・행정적 부담을 자초하려 들지는 않을 것이다. 정부로서 긁어 부스럼을 만들 이유는 없다.

마지막으로, 그리고 결정적으로 중요한 것은, 노조가 산별조직체제를 갖추더라도 정부가 비정부 공공부문에서 단체교섭의 당사자로 나올 것으로 보이지는 않는다는 점이다. 정부는 단체교섭이라는 미묘한 정치적 과정에 대한 개입을 꺼린다. 자율적인 단체교섭은 정부가 잠재적인 갈등의 영역에 대해 비간섭의 원칙을 유지하게 만드는 핵심적인 기제다. 특히 페어브라더 등(Fairbrother et al., 1999)은 경제정책의 형성과 집행과정으로부터 정부가 거리를 유지하려고 하는 경향을 탈정치화(depoliticization)로 파악하며 공공부문에서도 이러한 경향을 관철하고 있다고 주장한다(박태주, 2001). 더욱이 이는 최근 신자유주의 전개에 따른 정부의 탈정치화 내지 정부의 철수(rolling-back of the state: Ferner, 1994)라는 논리에 의해 강화된다.

단체교섭에 대한 정부의 태도는 공기업이 갖는 특별한 경영상의 문제, 즉 통제와 자율, 수익성과 공익성이라는 모순과 결부되어 있다. 공공기관은 정부의 일방적인 통제가 관철되는 영역이 아니라는 점에서 정부의 개입은 제한적일 수밖에 없다. 공공기관이 공직사회와 달리 형식적이나마 일정한 경영의 자율성을 갖는 것이 사실이라면 노사관계에서도 이런 자율성은 적용된다. 그렇지만 현재와 같이 공공기관 사용자에게 의사결정권을 주지 않은 채 정부가 노동조건의 세부적인 내용까지 지침으로 결정하는 상황에서 단체교섭권의 실질적인 보장은 불가능한 것이 현실이다.2)

노정 사이의 직접 교섭이 임금 및 근로조건을 둘러싼 노사 사이의 갈등을 푸는 해법이 되기는 어렵다면 노동조합과 정부 사이의 정책협의를 대안으로 살펴볼 수 있다. 일정한 대표성을 갖춘 노조가 정부(기획재정부, 행정안전부, 고용노동부) 대표와 임금 및 핵심적인 근로조건을 협의하는 것이다. 정책협의는 공공기관의 사회적 대화기구에서 이루어진다.

사회적 대화기구에서 노동조합과 정부가 예산관련 사항을 논의하는 방식이 낯선 것만도 아니다. 정부와 공공기관 노조는 2014년 8월, 공공기관 정상화 추진과정에서 발생한 갈등을 해소하고 미래

---

2) 따라서 중요한 것은 정부가 공공기관 교섭의 당사자가 되는 것이 아니라 공공기관 사용자가 단체교섭에 실질적으로 임할 수 있도록 공공기관 운영의 자율성과 책임성을 보장하는 일이다. 이 경우 교섭은 기관별이 아니라 초기업별로 이뤄져야 한다. 기업 차원의 교섭에서는 독점이윤이 배분될 수 있는 탓이다. 공공기관의 임금을 결정하는 기준은 내부적으로는 '동일가치노동 동일임금의 원칙'(equal pay for work of equal value)이며 외부적으로는 '민간·공공대등의 원칙'(comparability principle)이다.

<표 3-1> 공공부문발전위원회 2015년도 예산편성지침 논의 결과

구분	14년도 지침	노조 요구사항	15년도 지침	비 고
임금 인상율	1.7%	3.8% (공무원 동일 수준)	3.8%	노동조합 요구 반영
임금 격차 해소	기준 없음	☑ 1인당 평균임금 47백만원 이하: 1% 추가 증액 ☑ 1인당 평균임금 42백만원 이하: 1.7% 추가 증액	☑ 산업평균 110%이상 & 공공기관 평균의 120% (7,800만원) 이상: 2.8% ☑ 산업평균 90%이하 & 공공기관 평균의 70% (4,500만원) 이하: 4.8% ☑ 산업평균 90%이하 & 공공기관 평균의 60% (4,000만원) 이하: 5.3%	☑ 노동조합은 저임금 기관의 추가증액 편성요구 ☑ 기재부는 고임금·저임금기관 차등 인상률 적용
통상 임금	통상임금 소송결과에 따른 실적급여 증가액 예비비 계상	☑ (1안) 통상임금 승소시 총인건비 모수로 반영 ☑ (2안) 1안 불가시 기존 지침 유지	통상임금 소송결과에 따른 실적급여 증가액 예비비 계상	노동조합 요구(2안) 반영
사복 기금	<1인당 기금누적액별 출연율 기준> [단위: 만원] 500 이하 5% 500~2,000 2% 2,000초과 0%	출연제한 기준 폐지 (근로복지기본법에 의거 세전순이익의 5% 범위내 출연 허용)	<1인당 기금누적액별 출연율 기준> [단위: 만원] 500 이하 5% 500~1,000 4% 1,000~1,500 3% 1,500~2,500 2% 2,500초과 0%	☑ 출연금 상한 상향조정 (2,000만원→2,500만원) ☑ 출연율 기준 구간 세분(3→5개)
경상 경비	동결	경상경비의 현실화	2% 증액(13년도 경평 S: 1% 증액, A: 0.5% 증액, D: 0.5% 삭감, E: 1% 삭감편성)	노동조합 요구 일부 반영

자료: 노광표(2017b).

지향적인 공공부문 개혁방안을 마련한다는 명목으로 노사정위원회 산하에 「공공부문 발전위원회」를 출범시켰다. 근로자 위원으로는 한국노총 소속 공공기관 노조 대표(공공노련, 공공연맹, 금융노조)가 참가했으며 정부측에서는 기획재정부, 고용노동부, 그리고 산업통상자원부가 참가했다.3) 공공부문 발전위원회의 첫 의제는 '2015년 예산편성지침 관련 사항'이었다. 비록 노정이 인건비 인상기준의 차이로 최종 합의에는 이르지는 못했으나 예산편성지침과 관련된 사항은 물론 경영평가, 인력 충원 등 공공기관 노사관계에서 발생하는 다양한 문제를 논의했다(<표 3-1> 참조). 이처럼 노조와 정부는 사회적 대화기구를 통해 예산관련 정책협의를 진행한 경험을 갖고 있어 노정 사이의 정책협의가 낯설거나 과도한 개념은 아니다.

결론적으로 공공기관의 임금 및 근로조건을 예산편성지침과 같은 정부의 일방적인 지침으로 결정한다는 것은 노조의 단체교섭권을 박탈하는 것이나 다름없다. 그렇다고 기관별 자율교섭이나 중앙 차원의 노정교섭이 대안으로 보이지도 않는다. 공공기관의 임금 및 근로조건은 기본적으로 협의와 교섭이라는 두 개의 경로(two-track)를 통해 결정될 필요가 있다. 예산 관련사항이나 예산편

---

3) 구성에서 특이한 사실은 공익위원 5인(위원장 미포함)이 참가한 것은 필요했다고 인정하더라도 사용자위원이 참가했다는 점이다. 사용자위원으로는 경총과 상공회의소 그리고 교수 한 명 등 3명이 참가했다. 한편 정부측 대표는 각 부처의 실장(고용노동부, 산업통상자원부) 또는 차관보(기획재정부)가 참가했으며 노조에서는 산별노조(연맹)위원장이 참가했다.

성지침, 경영평가 편람 등 비교섭사항은 정책'협의'로 배치하되 그 다음 단계로서는 업종별 집단교섭을 배치하는 방안이 그것이다. 일반적으로 단체교섭의 대상인 근로조건이나 확정된 임금의 배분까지 단체교섭을 기피할 이유는 없다. 정책협의가 이뤄지는 상설적인 공간은 공공기관의 사회적 대화기구가 될 것이다. 여기에서는 임금사항뿐 아니라 공공·산업정책과 노동정책이 논의된다. 임금 및 근로조건은 최종적으로 기관별 보충교섭에서 확정된다. 이를 그림으로 나타내면 <그림 3-1>과 같다.

<그림 3-1> 공공기관의 교섭-협의 전략

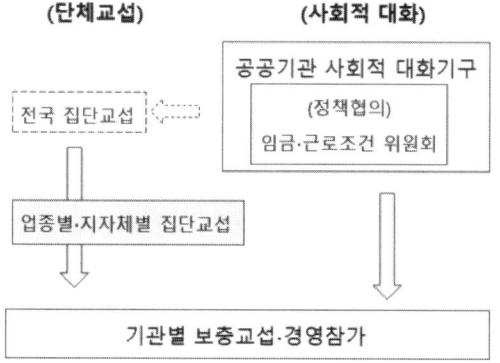

2. 노정 합의에 의한 '협의-교섭' 구조의 설계

단체교섭(또는 협의) 구조는 외적인 제도나 환경의 영향을 받지만 궁극적으로는 노사의 선호나 힘 관계라는 프리즘을 거쳐 결정된다. 공공부문에서 대안적인 교섭구조를 설계하는 과정도 마찬가지다. 노동조합은 물론이거니와 정부도 수용할 수 있어야 한다. "자본주의 경제에서 단체교섭구조와 관련해서 노동조합보다 실질적으로 사용자들이 더욱 막강한 영향력을 가지고 있다고 한다면 이들의 선호나 선택을 무시하고 있다는 것은 결정적인 한계에 속한다." 정주연(2008)의 지적이다. 정부(사측)의 선호를 감안하면서 교섭구조에 대해 타협하는 것은 교섭구조의 성립은 물론 그 구조의 지속가능성을 높이는 방안이다.

그러면 정부가 기관 차원의 개별교섭이 아닌 중앙으로 집중된 협의-교섭구조에 참여하면 무슨 이득이 있는가? 우선 정부가 얻을 수 있는 것은 △노사합의에 의한 정부정책의 원만한 집행과 이에 따른 △노사관계의 안정을 들 수 있다. 이명박·박근혜정부에서 공공기관을 개혁하려는 정부의 시도는 끊임없이 노조와 마찰을 빚었다. 그 결과 노정갈등은 물론이거니와 개혁조치의 상당 부분이 차질을 빚고 성과연봉제 등 일부는 폐기되기도 했다. 공공기관 '개혁'에서 노조의 참여와 협조가 불가결하다는 것을 보여준 사례였다. 정부가 노정협의에 응한다면 이는 노동조합을 공공기관 개혁의 대상이 아니라 주체로 삼겠다는 의지를 드러낸 것이라고 해석할 수 있다.

두 번째로 노정교섭은 거래비용을 축소시킨다. 교섭(거래) 비용을 줄이기 위해서는 교섭을 기관의 바깥으로 내보내고 동시에 이중교섭·이중파업을 방지할 수 있어야 한다. 교섭의 집단화에 따른 노사갈등의 대형화·정치화를 예방하거나 조정할 수 있는 장치도 필요하다. 교섭장치 안에 평화의무조항을 두거나 사적조정기구를 배치하는 방안 등이 그것이다.

집단교섭이 파업의 대형화나 정치화로 이어진다면 교섭구조의 안정성은 급속히 무너진다. 실상 교섭과 협의가 갖는 절차상의 중요한 차이는 단체행동(파업)의 가능성에 있다. 정책협의가 대정부 단체교섭권의 포기로 비칠 수도 있지만 만일 노조가 파업을 전제로 노정 교섭을 요구한다면 정부는 단연코 응하지 않을 것이다. 노정 교섭이 파업에 멍석을 깔아준다고 볼 것이기 때문이다. 앞에서도 지적했듯이 공공기관 단체교섭에서 정부가 직접 교섭의 당사자가 된다는 것이 논리상으로도 맞지 않을 수 있다. 공공기관은 '자율경영 및 책임경영체제의 확립'(공공기관운영법 제1조)을 중요한 가치로 삼는 영역으로서 공무원사회처럼 정부의 전일적인 통제가 작동하는 영역이 아니다. 그렇다면 공공기관 노사관계에서 '정부=사용자'라는 논리는 자율경영 및 책임경영체제의 미확립을 말하는 대목에 지나지 않는다. 정부가 교섭에 나서는 것이 중요한 것이 아니라 사용자가 교섭의 당사자로서 자율성과 책임성을 갖는 것이 중요하다.

노조가 대안적인 협의-교섭구조를 원하는 이유는 무엇인지도

물어볼 수 있다. 먼저 대안적인 교섭구조가 임금인상률을 높이기는 어렵다. 지금까지 공공기관의 임금인상률은 관례상 공무원의 그것을 따라왔다. 따라서 노정교섭(협의)이 이뤄지더라도 공무원의 임금(보수)인상률에 개입할 수 없는 한 공공기관의 노정교섭(협의)의 역할은 제한될 수밖에 없다. 그렇다고 공무원과 함께 논의 틀을 만드는 것도 어렵다. 임금수준이나 구성이 다른데다 단체교섭을 규율하는 법제도도 다른 탓이다(공무원노조는 보수교섭권을 법적으로 보장받고 있다). 게다가 임금수준에 관한 한 공공기관은 '공공의 적'이 되고 있다. 민간부문과 격차가 적지 않다.4) 그렇다면 노정교섭(협의)이 임금수준의 인상에는 별 도움이 되지 않을 가능성이 크다.

노정 사이에 정책 협의 틀이 갖춰지면 정부는 임금격차의 축소와 임금체계의 개편을 의제로 들고 나올 것이다. 실제로 2014년 공공부문 발전위원회에서도 정부는 고임금·저임금 기관 사이의 임금차등인상이나 성과연봉제의 확대 등 임금체계의 개편을 주장했다(노광표, 2017). 실상 임금체계의 개편과 임금격차의 축소는 맞물려 있는 개념으로 노조로서는 뜨거운 감자다. 공공기관의 임금

---

4) "공공부문 연봉 1위인 한국예탁결제원은 직원 평균연봉이 1억 918만원으로 삼성전자(1억 700만원)보다 높고 공기업 연봉 1위인 한국마사회는 9503만원에 달했다", "마사회는 국내 경마산업을 독점하면서 '땅 짚고 헤엄치기'식 영업을 하고 있지만 직원들 연봉은 현대자동차(9400만원)보다 많다"(조선일보, 2017.5.2.).

격차는 다양한 차원을 갖는다. 민간기업과 공공기관 사이의 격차, 공공기관 사이의 격차, 기관 내 정규직과 비정규직 사이의 격차 등이 그것이다. 공공기관에서 정규직과 무기계약직 사이의 연봉 격차는 최대 3배까지 난다(경향신문, 2017.5.18.).

공공기관 내부의 임금격차는 두 가지 방안을 필요로 한다. 단기적으로는 저임금기관이나 저임금 노동자의 임금을 상대적으로 빠르게 높이는 방안이다. 중장기적으로는 직무급을 기반으로 하는 임금체계를 도입해 동일가치노동 동일임금의 원칙을 실현시켜 나가는 방안이다. 연대임금정책이 그것이다. 연대임금정책이란 노동자가 고용된 산업이나 기업의 수익성 및 임금지불능력 수준에 관계없이 동일 노동에 대해서는 동일 임금을 지급되도록 하는 정책을 말한다(신정완, 2010). 공공기관에서 성과연봉제가 폐지되면서 임금체계 개편의 필요성은 급속히 높아지고 있다. 직무급에 바탕을 둔 공공기관 공통의 표준임금체계를 만들 필요가 있다면 이는 중앙 차원에서 정책협의를 통해 풀어야 할 과제다.

세 번째로 노조들이 노정교섭(협의)을 추구한다는 것은 노조들이 궁극적으로 산별체제의 형성에 동의한다는 사실을 말한다. 산별체제는 노조의 대표성은 물론 협약의 이행을 위해서도 필수적이다. 정책협의–집단교섭을 설계하는 과정에서 공공기관 노조가 산별체제의 형성에 동의하는가 여부는 핵심적인 질문이다. 노조가 기업별 체제를 유지하면서 산별대응을 요구한다면 뱁새가 황새걸음을 걸으려는 격이다. 기업별체제에서 곁불을 쬐는 게 더 낫다고 판단한다면 산별대응은 포기해야 한다. 산별체제는 임금의 극대화가 아니라 임금의 평준화를 지향한다. 그렇다면 공공기관에서 노정교섭 틀을 마련하는 것은 노조가 산별체제의 형성은 물론 임금 격차의 해소와 임금체계의 개편에 동의한다는 사실을 의미한다. 그렇지 않으면 노정 협의구조를 형성하더라도 의미를 갖지 못한다.

결론적으로 공공기관의 교섭(협의)구조는 중앙 차원의 정책협의와 업종 차원의 집단교섭이라는 중층적인 단계로 설계한다. 중앙 차원의 정책협의에서 예산과 관련된 사항뿐 아니라 예산편성지침과 경영평가편람, 경영혁신지침을 포함한 공공기관 운영제도 전반을 다룬다. 정책협의에서 임금 및 근로조건 관련 지침이 결정되면 이를 근거로 노동조합과 사용자 단체가 집단교섭을 수행한다. 집단교섭은 정부가 일률적으로 시행하지 않는 사항 가운데 단체교섭 대상에 해당되는 사항을 대상으로 한다. 최종적으로는 기관별 보충교섭에서 세부이행방안이 결정된다.

4

공공기관 '정책협의-집단교섭' 구조

제4장 공공기관 '정책협의-집단교섭' 구조

1. 공공기관 정책협의기구의 구성

　정부가 단체교섭의 당사자로 참가하는 것이 어렵다면 교섭구조의 상층에 정책 협의(policy concertation)를 배치하는 방안을 강구할 수 있다. 여기에는 노·정뿐 아니라 민간의 전문가가 공익위원으로 참가하면서 사회적 대화의 모습을 띤다. 사회적 대화기구는 노동조합이 공공기관의 임금 및 예산관련 근로조건을 협의하는 창구일 뿐 아니라 공공정책 및 노동정책의 결정과정에 개입하는 통로가 된다. 근로조건에 관한 노정협의는 노조로서는 간접적이나마 임금 및 근로조건의 결정과정에서 정부의 당사자성을 확인하는 방법이라면 정부로서는 노조의 참여와 동의를 통해 정책의 수용성을 높이고 갈등을 줄이는 방안이 된다.
　예산과 관련된 임금 및 근로조건에 대한 정책협의는 공공기관의 사회적 대화기구 내에 설치되는 (가칭)「공공기관 임금·근로조건위원회」에서 이뤄진다. 이 위원회를 사회적 대화기구 내에 두게 되면 교섭사항과 비교섭사항에 대해 통일적인 접근이 가능해 의제의 중복이나 의제채택을 둘러싼 갈등을 줄일 수 있다. 「임금·근로조건위원회」는 노조대표, 정부대표 그리고 공익위원으로 구성된다. 예를 들어 노동조합 및 정부대표는 각각 5인 이내로 구성하고 (반드시 동수일 필요는 없다) 공익위원은 노사가 추천한 각 2인과 공공기관 사회적 대화기구 위원장이 추천한 1인으로 구성할 수 있다. 사회적 대화기구 위원장은 노조 및 정부와 협의하여 1인의 공익위원을 추천하며 추천된 공익위원은 「임금·근로조건위원회」의 위원장이 된다. 이때 쟁점은 기관대표로서 사용자 위원을 별도의 단위로 배치할 것인가, 그리고 공익위원을 둘 것인가이다.

중앙 차원의 정책협의 단계에서 기관의 대표로서 사용자의 역할은 크지 않다. 그렇다면 사용자를 뺀 정책협의가 바람직스러울까. 사용자는 정책협의에 이어지는 집단교섭의 당사자라는 점에서 정책협의의 내용과 흐름을 이해하고 있어야 한다. 또한 합의의 이행과정에서 사용자의 협조가 불가피하다면 사용자들을 협의에 참가시킴으로써 이행에 대한 책임감을 높일 수 있다. 문제는 사용자의 역할과 정부의 역할이 사실상 중복된다는 점이다. 그렇다면 정책협의 단계에서는 사용자를 별도의 단위로 배치하기보다는 정부측 위원에 포함시켜 구성하는 방안도 있다.

공익위원의 참가도 필요하다. 공익위원들은 협의의 과정에서 전문성과 함께 조정 서비스를 제공하는 한편 합의에 대해 사회적 정당성을 부여한다. 단체행동권이 없는 협의과정에서 조정은 노정 사이에 합의를 이끌어내는 중요한 고리가 된다. 만일 노동조합과 정부가 합의를 이루지 못했을 경우 공익위원은 임금 및 근로조건 개선안을 제출할 수 있다. 공익위원안이 제출되고서도 노조와 정부가 합의를 보지 못하면 정책협의는 종료되고 관련 자료는 정부와 국회, 공공기관 운영위원회 등으로 이송된다. 조정안에 노정이 합의하지 않더라도 공익위원안은 최종적인 결정에서 중요한 준거 틀이 된다. 특히 공익위원이 독립적으로 조정안을 제출하게 되면 정부로서도 공익위원에게 조정안을 맡기기보다 노정 합의를 선호하게 될 것이다. 공익위원안이 정부에게 불리할 수도 있는 탓이다.

민간부문과 달리 공공부문에서는 협의 및 교섭의 시기가 중요한 관심사가 된다. 일반적으로 차기년도 예산결정은 각 부처에서 예산을 편성하는 시기(5월), 기재부에 제출하여 국회에 넘기기까지의 시기(6~9월), 공무원보수민관심의위원회 결정(9월), 공공기관 예산편성지침 결정(11~12월)의 기간에 걸쳐 있다. 그런데 공공기관의 임금은 정부가 직접 인건비를 지출하지 않는 한 정부예산안에 포함되지 않는다. 따라서 노정 사이의 정책협의는 기획재정부가 국회에 예산안을 올리는 9월이 아니라 공공기관 예산편성지침이 결정되기 전까지 마무리하면 된다. 그러면 각 기관에서는 예산편성지침에 따라 이사회를 소집, 12월 중순까지 차기년도 예산안을 확정짓게 된다. 공공기관의 차기년도 임금 및 근로조건은 연말에 예산편성지침이 확정되면 그 다음 단계로 집단교섭과 기관별 보충교섭을 거쳐 결정된다. 그렇다면 공공기관의 단체교섭은 전년도의 하반기에 정책협의를 하고 당해년도 상반기에 교섭을 하는 패턴이 성립될 것이다.

공공기관에서 정책협의가 지속되고 그것이 영향력을 갖기 위해서는 정책협의의 틀(「임금·근로조건위원회」)이 제도화되어야 하고 그 결과는 정부의 정책을 구속할 수 있어야 한다. 그런데 그간 노정 사이에서 신뢰가 충분하게 형성되지 않았고 최근까지 정부의 일방적인 정책추진이 문제가 되었던 만큼 초기단계에서는 노정 간 합의를 통해 정책협의를 제도화시킬 필요가 있다. 그렇다면 정부가 공공기관 노동자의 임금 및 근로조건을 노정 협의 없이 일방적으로 결정하지 않는다는 점을 확인하는 것이 신뢰 증진의 출발점이 될 것이다. 이어 노정 간 협의를 통해 예산편성지침 및 경영평가편람 등을 확정짓는다.

노정 사이의 정책협의가 공공기관 사회적 대화기구에서 이뤄진다면 노동조합과 정부는 협의나 그 밖의 다양한 정치적 경로를 통해 사회적 대화기구를 구성할 수 있다. 이는 법률적 과정이라기보다는 정부(예를 들어 기획재정부)와 양대 노총 공대위가 협약서(MOU)를 체결하여 구성하는 방안이 될 것이다. 협약서에는 위원회의 구성은 물론 협의의 대상과 시기, 운영방안, 그리고 합의의 효력 등이 규정된다.

결론적으로 이 글은 공공기관의 임금 및 근로조건을 결정하는 첫 단계로서 노정 사이의 정책협의를 제안한다. 이 정책협의의 장은 노동조합과 정부(사용자), 그리고 공익위원이 참가하는 사회적 대화기구의 형태를 띤다. 실제로 이 기구는 임금이나 예산과 관련된 근로조건에 대한 협의뿐 아니라 공공정책이나 공공기관에서의 노동정책에 대해 이해당사자들이 개입하는 통로가 된다. 노정 사이의 정책 협의틀이 공공기관 사회적 대화기구 내부에 배치된다면 정책 협의틀의 제도화도 사회적 대화를 통해 이뤄지는 것이 바람직할 것이다. 정책협의의 다음 단계는 노사의 집단교섭이다.

2. 노사 집단교섭 방안

1) 집단교섭의 구조와 사용자 단체의 구성

중앙정부 차원에서 예산이나 기관운영과 관련된 사항은 노정간 정책협의에 맡기더라도 비예산 관련 근로조건이나 확정된 임금의 배분은 단체교섭의 대상이다. 모든 사항을 정책협의에 맡긴다는 건 사실상 단체교섭권의 포기에 해당된다. 일반적인 교섭대상은 당연히 단체교섭으로 해결해야 한다. 이때 교섭은 집단교섭의 형태를 띤다.

집단교섭이란 복수의 사용자와 복수의 사업장 교섭대표 노조가 참가하여 함께 교섭하는 것을 말한다. 양측엔 각각 대표가 있지만 단일 지배구조(산별노조)와 같은 위계는 성립되지 않는다. 어느 조직이나 합의를 거부할 수 있으며 심지어 교섭구조에서 이탈할 수도 있다. 집단교섭은 업종이나 지자체별로 집단교섭에 동의한 사업장 노사로 구성한다. 업종별로는 예를 들어 ① 에너지·자원, ② 보건, ③ 노동·복지·환경, ④ 문화·미디어·관광, ⑤ 금융, ⑥ 국토·농림·해양, ⑦ 연구소(인문), ⑧ 연구소(과학), ⑨ 경제·통상, ⑩ 기타 등으로 구분할 수 있다. 이렇게 구분할 때 조합원 수가 가장 많은 곳은 '국토·농림·해양'으로 61,592명, '에너지·자원' 55,273명 순이다. 무기계약직의 조직화가 가장 활발한 업종은 금융업종이다(노광표, 2017a).

<표 4-1> 공공기관노동조합의 특성(업종)별 조합원 수

산업	정규직			무기계약직			비정규직			전체		
	직원수	조합원수	조직률	직원수	조합원수	조직률	직원수	조합원수	조직률	직원수	조합원수	조직률
에너지·자원	70,511	54,490	77.3	905	769	85.0	2,455	14	0.6	73,871	55,273	74.8
보건	39,848	20,269	50.9	3,448	1,273	36.9	6,037	652	10.8	49,333	22,194	45.0
노동·복지·환경	35,087	28,239	80.5	1,847	1,007	54.5	3,745	77	2.1	40,679	29,323	72.1
문화·미디어·관광	11,848	8,376	70.7	2,153	1,476	68.6	1,669	224	13.4	15,670	10,076	64.3
금융	19,592	14,786	75.5	3,496	3,882	111.0	1,101	15	1.4	24,189	18,683	77.2
국토·농림·해양	68,022	54,913	80.7	5,941	4,579	77.1	7,744	2,100	27.1	81,707	61,592	75.4
연구소(인문)	8,250	1,968	23.9	855	132	15.4	3,843	85	2.2	12,948	2,185	16.9
연구소(과학)	15,200	6,608	43.5	654	273	41.8	8,890	222	2.5	24,744	7,103	28.7
경제통상	8,765	5,450	62.2	3,679	1,637	44.5	1,248	37	3.0	13,692	7,124	52.0
기타	7,456	3,939	52.8	455	66	14.5	1,124	33	2.9	9,035	4,038	44.7
합계	284,579	199,038	69.9	23,432	15,094	64.4	37,857	3,459	9.1	345,868	217,591	62.9

자료: 노광표, 2017a.

집단교섭에서는 양대 노총 공대위 소속 산별노조나 연맹이 주요한 당사자가 된다. 그런데 공대위 소속 노조들이 순수하게 공공기관 노조만으로 구성된 것은 아니다. 공대위 소속 5개 조직 내 공공기관이 차지하는 비중은 제각각이다. 전체 조합원 가운데 공공기관 조합원이 차지하는 비중을 보면 공공노련의 96%를 필두로 공공연맹(59%), 공공운수노조(43%), 보건의료노조(29%), 그리고 금융노조(16%)의 순을 보이고 있다(노광표, 2017a). 따라서 공공기관에서 정부를 상대로 집중된 단체교섭을 추진할 경우 기존의 산별

교섭구조와 충돌할 수 있다. 특히 보건의료노조나 금융노조에 소속된 공공기관 노조로서는 해당 산별노조의 중앙교섭보다 임금 및 근로조건이 결정되는 공공기관의 집단교섭에 무게중심을 실을 수밖에 없다. 그렇다면 공공기관의 업종별 집단교섭을 기존 산별 중앙교섭의 하부단위로 편입시키는 방안을 강구할 수 있다.

<표 4-2> 양대노총 공대위 소속 공공기관노조

		전체 조합원 수(a)	공공기관 조합원 수(b)	비중 (b/a)	비고
한국 노총	공공연맹	37,256	22,000	59.0	
	공공노련	47,521	45,744	96.0	
	금융노조	98,788	17,018	17.0	
민주 노총	공공운수노조	170,000	73,850	43.0	
	보건의료노조	49,008	14,536	29.0	
합계		402,573	173,148	43.0	

자료: 5개 노조(연맹) 내부 자료.

가령 보건의료노조의 경우 공공기관의 집단교섭을 특성별 교섭으로 활용하여 산별교섭에 포함시킬 수 있다. 보건의료노조의 교섭은 현재 중앙교섭과 특성별 교섭(국립대병원·사립대병원·민간중소영세병원·특수목적 공공병원·지방의료원 교섭), 그리고 병원별 보충교섭으로 이어지는 다층적인 구조를 갖고 있다(박태주, 2016c). 이 가운데 국립대 병원과 특수목적 공공병원, 그리고 지방의료원이 공공기관에 속한다. 따라서 이들 세 단위를 하나로 묶어 공공부문 집단교섭을 추진할 수 있다. 이 집단교섭은 전국 차원에서 이뤄지는 노정 정책협의의 결과와 더불어 보건의료노조의 전국 중앙교섭에 종속된다. 한편 보건의료 차원의 집단교섭에 대응하여 비교섭사항을 논의하기 위한 기구로서는 (가칭)「전국보건의료 사회적 대화기구」를 배치할 수 있다.

<그림 4-1> 보건의료노조 협의-교섭구조의 설계(예)

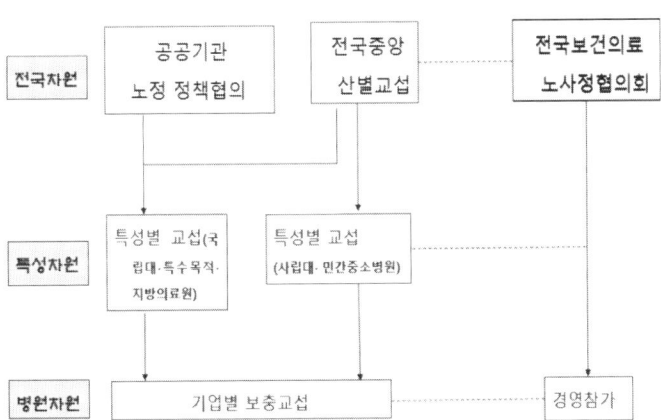

공공기관에서 업종별 혹은 전국단위의 단체교섭을 성사시키기 위해서는 이에 대응하는 사용자단체의 구성이 필수적이다. 원래 사용자단체는 단체교섭 과정에서 노동조합의 압박에 대응하기 위한 사용자의 자구책으로 만들어졌다. 노동시장에서 사용자 사이의 임금경쟁이나 '노사관계 경쟁'을 막기 위한 조치이기도 하다. 따라서 일반적으로 집단교섭에서 사용자의 참가와 사용자 단체의 구성

은 노동조합이 주도한다. 그런데 공공기관에서 사용자단체의 구성은 정부의 의지가 결정적인 영향을 미치겠지만 정부가 공개적이고 공식적으로 이를 지지할 것으로 보이지는 않는다. 공공기관의 단체교섭에 개입한다는 인상을 줄 수 있는 탓이다. 두 가지 방안을 강구할 수 있다.

첫째는 집단교섭에 참가하기를 원하는 노동조합이 개별 사용자에 대해 사전적으로 '집단교섭 참가 확약서'를 제출받는 방식을 검토할 수 있다(이는 보건의료노조나 금속노조가 산별교섭을 앞두고 사용자로부터 받아낸 '산별교섭 참가 확약서'에 가름된다. 이주호, 2016; 박태주, 2009). 그것이 성사되면 사용자단체는 업종단위로 구성될 것이나 업종 간에는 상당한 편차를 보일 것이다.

지자체 공공기관은 지자체별로 사용자단체를 구성할 수 있다. <표 4-2>는 서울시 투자·출연기관을 대상으로 집단교섭 구조를 설계한 협약의 예시다. 이 경우에는 서울시에서 구성된 노사정서울모델협의회가 하나의 준거틀이 될 수 있다.[1] 여기서 특기할 사

---

[1] 서울특별시 노사정서울모델협의회(서울모델)는 2000년 8월에 설립되었으며 공식적으로 서울지역노사민정협의회의 특별협의회에 해당된다. 서울시 투자·출연기관 가운데 노조가 결성된 사업장의 노사가 참여하는 사회적 대화기구로서 15개 기관이 참여하고 있다. 서울모델은 독자적인 사무실을 갖추고 있으며 6명이 상근하고 있다(4명은 파견, 2명은 채용이며 위원장은 비상근이다). 2017년도 예산은 6억 원 정도다. 서울모델은 앞서 말한 성과연봉제 집단교섭 이외에도 노동이사제의 도입, 서울시 공공기관 일자리 협약의 체결, 노동시간 단축모델의 시범실시 등과 아울러 참가기관의 노

실은 2016년 서울시 투자기관 노사가 성과연봉제를 논의하기 위해 집단교섭을 실시했다는 사실이다. 이 교섭에는 서울시의 5개 투자기관(서울메트로, 서울도시철도, 서울시설공단, 서울주택도시공사, 서울농수산식품공사) 노사가 참여했으며 서울시 관계자와 노사정서울모델협의회 위원장이 배석했다. 쟁의를 조정하기 위해 공적조정(노동위원회) 대신 사적조정을 채택한 것도 특기할 만한 사실이었다(자세한 것은 유병홍, 2017 참고). 결과적으로 집단교섭에서는 성과연봉제의 도입을 사실상 거부하면서 대안으로 임금체계와 경영평가제도를 개선하기로 합의했다. 2016년 서울시 공기업의 집단교섭은 교섭구조를 탈(脫)기업화하려는 노력이었지만 그것을 제도화하는 과제는 여전히 남아 있다.

두 번째는 노정 정책협의(혹은 '공공기관의 사회적 대화기구')에서 집단교섭의 제도화에 대한 협약을 맺는 방안이다. 이 경우에는 전체 공공기관의 사용자단체가 구성될 것이며 필요할 경우 내부에서 업종별 사용자단체를 구성할 수 있을 것이다. 업종별(산별노조별) 요구가 있을 경우 사용자는 집단으로 교섭에 응하는 방식이 될 것이다. 그렇다면 사용자단체를 구성하는 방안은 업종별 사용자단체에서 전체 공공기관 사용자 차원으로 발전하는 방안과 그 역의 방안을 동시에 상정할 수 있을 것이다. 어느 방안이 현실화되는가는 정부의 태도에 달려 있다고 할 수 있지만 후자의 방안이 노사 갈등을 줄이고 집단교섭을 조기에 도입하는 방안이 될 수 있을 것이다.

사갈등을 조정하는 역할을 수행하고 있다.

전국 차원에서 공공기관 사용자협의회가 구성되면 단체교섭의 구조변화도 모색할 수 있다. 즉 정책협의 사항이었던 예산관련 임금 및 근로조건을 노사 간의 단체교섭 사항으로 바꿀 수 있다. 단단체협약의 효력은 (공무원의 경우와 마찬가지로) 그것이 예산이나 법률·조례 사항일 경우 제한할 필요가 있다. 다시 말해 노사는 차기년도 임금인상률을 합의하여 정부에 건의하는 방안을 강구할 수 있다. 결론적으로 공공기관의 임금결정방식은 사용자단체의 구성과 밀접하게 연관되면서 발전할 것이다. 그 첫 단계가 정책협의-(업종별) 집단교섭이라면 2단계는 '정책협의-전국 차원의 집단교섭'으로, 그리고 마지막으로는 전국 차원의 집단교섭으로 발전한다.

공공기관의 단체교섭은 '정책협의-집단교섭'을 거쳐 '자율적인 전국교섭'으로 발전하면서 정책협의 기능까지 흡수하는 것이 이상적일 것이다. 즉 공공기관에서 자율경영 및 책임경영체제에 걸맞는 지배구조가 확립되면 정부는 더 이상 공공기관 노사관계에서 사용자가 아니다. 따라서 △자율경영 및 책임경영체제가 확립되고 △전국 차원에서 사용자단체가 구성되면 공공기관 노사는 전국교섭을 통해 임금 및 근로조건을 결정할 수 있게 된다.

집단교섭은 그 자체가 하나의 교섭단위로 기능한다. 협약안 찬반투표는 집단교섭에 참가하는 기관에 소속된 전체 조합원 과반수의 참석과 과반수의 찬성으로 의결되며 파업찬반행위는 전체 조합원 과반수의 찬성으로 의결된다. 따라서 개별기관에서 협약안 비준투표나 파업찬반투표가 부결되더라도 전체적으로 가결되면 그 결과는 부결된 기관에도 적용된다.

<표 4-3> (가칭) 노사관계 안정과 사회공공성 제고를 위한
서울시 투자·출연기관 집단교섭제도 도입에 관한 협약(예)

(전문)
○ 집단교섭제도의 도입
- 2개 이상 노조가 동일한 의제에 대해 집단교섭을 요청할 경우 사측은 연합하여 교섭에 응해야 한다.
- 상급단체에 대한 교섭권 위임 여부는 해당 노조의 결정에 따른다. 또한 기관의 특수한 사항이나 해당 노조가 원할 경우 기존의 기관별 교섭을 수행한다.
○ 집단교섭의 당사자
- 사용자는 사용자단체를 구성하여 교섭에 참여한다.
- 노조는 공동교섭단을 꾸려 교섭에 참가한다. 이 경우 기관별 교섭대표노조가 참가하는 것을 원칙으로 하되 공동교섭대표가 구성될 경우 관련 노조가 참가한다.
- 교섭에 참가하는 노조는 교섭 도중에 이탈할 수 없으며 파업 찬반투표나 단체협약 인준투표에서 하나의 단위로 역할을 한다.
○ 서울시와 서울모델협의회의 참관
- 서울시와 서울모델협의회는 교섭을 참관한다.
- 합의가 이뤄질 경우 서울시와 서울모델협의회 위원장은 추가 서명하여 그 이행을 담보한다.
○ 사적조정제도의 도입
- 교섭이 결렬될 경우를 대비하여 원칙적으로 공적조정(노동위원회 조정)에 우선하여 사적조정위원회를 구성한다. 사적조정위원은 본 조정 이외에도 예비조정이나 사후조정을 실시할 수 있다.
- 사적조정위원은 서울모델협의회의 공익위원을 중심으로 구성하고 조정위원장은 서울시 추천 공익위원이 맡되(모델위원장은 제외) 합의에

>   의해 조정위원 중에서 호선할 수 있다. 노사가 합의할 경우 외부의 조정전문가를 조정위원으로 추가할 수 있다.
> - 사적조정제도의 운영에 관련한 경비는 노사가 부담한다.
>
> ○ 단체협약의 효력
> - 서울시와 노사는 체결된 단체협약을 존중하며 그 이행에 책임을 진다.
> - 집단교섭의 단체협약은 기관별 협약에 우선하여 적용된다.
> - 체결된 단체협약이 서울시 공공기관의 2/3 이상의 근로자에 적용될 경우 서울시는 서울시 전체 공공기관에 확대 적용할 수 있다('지역적 구속력' 조항의 발동).
>
> ○ 기타
> - 이 협약에 규정되지 아니한 사항은 노조법 및 일반적인 관례에 따른다.

그리고 교섭이 진행되는 동안 기업별 노조는 교섭권 위임철회가 이뤄지지 않는 한 기업 차원의 단체교섭을 진행하지 못한다. 그리고 집단협약은 개별 기관의 단체교섭에 우선하여 적용한다.2) 앞에서도 지적했듯이 이 단계가 되면 정부는 더 이상 사용자가 아니다.

법률적인 쟁점이 남는 것은 사실이다. 집단교섭에 참가하는 노조를 하나의 교섭단위로 간주하여 단체협약 비준투표나 파업찬반투표를 진행할 수 있는지, 교섭권을 위임한 노조의 교섭권이 부인되는지도 법률적 쟁점이 된다. '상급단체 협약 우선의 원칙'도 쟁

---

2) 상급협약과 하급협약의 관계를 둘러싸고 유리한 조항을 우선 적용하는 '유리성의 원칙'과 상급협약을 따르는 '상급협약 우선의 원칙'이 충돌할 수 있다. 지금 우리나라는 조직 및 교섭구조의 집중화를 추구하는 단계라고 한다면 '상급협약 우선의 원칙'을 적용하는 것이 바람직할 것이다.

점이 될 수 있다. 유리한 협약을 우선 적용하는 방안도 있는 탓이다. 가령 연맹체제에서 단위노조가 교섭권을 상급단체에 위임하더라도 법률적 한계는 분명하다. "단위노동조합이 상부단체인 연합단체에 단체교섭권을 위임한 경우, 단위노동조합의 단체교섭권한이 상실되지 않는다"는 건 대법원의 판결(1998.11.13. 선고98다20790 판결)이다.

쟁의가 발생하면 사적조정을 원칙으로 한다. 교섭이 결렬될 경우를 대비하여 공적조정(노동위원회 조정)에 우선하여 사적조정위원회를 구성하는 것도 하나의 방안이다. 사적조정위원은 쟁의의 조정 이외에도 예비조정이나 사후조정을 실시할 수 있다. 실제로 집단교섭이 파업의 빈도를 높이거나 대규모화를 초래한다면 정부가 집단교섭에 동의하기도, 그것을 지속하기도 어렵다. 사적조정은 해당 노사관계를 아는 외부전문가가 참가할 뿐 아니라 조정위원의 선정과정부터 노사의 신뢰를 전제로 하는 만큼 조정의 성립가능성이 높다는 장점을 지닌다.[3]

---

3) 단체교섭에서 쟁의의 조정은 교섭의 자율성이라는 측면에서 볼 때 사적조정이 원칙이다. 가령 독일에서 공무원과 민간서비스 노동자를 조직하고 있는 통합서비스노조 베르디(Verdi)만 하더라도 단체교섭이 실패하면 철저하게 사적인 조정이나 중재를 거치도록 되어 있다. 사적조정의 과정이나 절차는 노사가 단체교섭으로 정한다(김성규 외, 2010).

2) 노동조합의 조직 기반

공공기관의 임금 및 근로조건을 '정책협의-집단교섭'이라는 경로를 따라 결정하기 위해서는 무엇보다도 노조의 조직력이 이를 뒷받침해야 한다. 여기서는 노조의 조직현황과 구조를 살펴본다.

공공기관 노조를 포괄하고 있는 상급단체(연맹이나 산별노조)로는 민주노총의 공공운수노조와 보건의료노조, 한국노총의 공공연맹과 공공노련, 그리고 금융노조를 들 수 있다. 이들 노조는 양대 노총 공공기관노조 공대위를 구성하여 정부의 공공 '개혁'에 대응해왔다. 그렇다고 모든 공공기관 노조들이 양대 노총 공대위 소속인 것은 아니다. 이들 5개 산별노조(연맹) 이외에도 상급단체로는 지방공기업노조연맹(공공서비스노동조합총연맹 소속)이 있다. 공대위 소속이 아닌 양대 노총의 다른 연맹에 소속된 노동조합이나 독립노조들도 다수 존재한다(<표 5> 참조). 공공기관의 노조조직률은 68.7%로 매우 높지만 공대위가 포괄하고 있는 조합원의 수는 공공기관 전체 조합원의 78% 정도다. 이는 직접적으로 공대위에 소속되지 않은 공공기관 노사를 어떻게 할 것인가라는 문제를 제기한다.[4]

---

[4] 결과적으로 집단교섭이 이뤄지면 공대위에 참가하지 않는 노조의 공대위 참가를 독려하는 효과를 가져올 것이다. 집단교섭의 결과가 미참가 기관에도 영향을 미친다면 참가하여 의사결정과정에 개입하는 것이 효과적일 것이기 때문이다.

<표 4-4> 공공기관노동조합의 상급단체별 노동조합 현황

	조직수	총조합원수	정규직 조합원수	%	무기계약직 조합원 수	%	비정규직 조합원수	%
전국공공운수노조	110	70,635	67,728	95.9	2,489	3.5	418	0.6
전국보건의료산업노조	15	16,489	15,087	91.5	757	4.6	645	3.9
전국민간서비스산업노조연맹	1	25	0	0.0	25	100.0	0	0.0
전국사무금융노동조합연맹	2	539	447	82.9	80	14.8	12	2.2
전국언론노동조합	5	479	460	96.0	1	0.2	18	3.8
전국정보경제서비스노조연맹	4	3,003	2,773	92.3	208	6.9	22	0.7
민주노총 계	**137**	**91,170**	**86,495**	**94.9**	**3,560**	**3.9**	**1,115**	**1.2**
전국공공산업노조연맹	29	42,411	38,897	91.7	1,578	3.7	1,936	4.6
전국공공노조연맹	42	25,983	23,231	89.4	2,676	10.3	76	0.3
광주, 전남지역 일반노조	1	8	8	100.0	0	0.0	0	0.0
전국IT사무서비스노동조합	2	2,093	1,288	61.5	777	37.1	28	1.3
전국관광서비스노동조합연맹	1	1	0	0.0	1	100.0	0	0.0
전국광산노동조합연맹	1	1,299	1,271	97.8	15	1.2	13	1.0
전국금융산업노동조합	8	17,034	13,293	78.0	3,740	22.0	1	0.0
전국연합노동조합연맹	6	994	497	50.0	470	47.3	27	2.7
전국우정노동조합	2	891	613	68.8	257	28.8	21	2.4
전국자동차노동조합연맹	1	1,101	1,101	100.0	0	0.0	0	0.0
전국자동차노동조합연맹	2	1,919	1,793	93.4	45	2.3	81	4.2
기타	1	50	50	100.0	0	0.0	0	0.0
한국노총 계	**96**	**93,784**	**82,042**	**87.5**	**9,559**	**10.2**	**2,183**	**2.3**
미가입	91	32,759	30,501	93.1	1,975	6.0	161	0.5

자료: 노광표(2017a)
주: 비정규직은 직접고용 비정규직을 의미.

두 번째로 공대위에 소속된 노조라고 하더라도 노조의 조직형태는 산별노조에서 기업별노조에 이르기까지 다양하다. 공공운수노조, 보건의료노조, 금융노조가 산별노조의 모습을 띠고 있다고는 하나 교섭구조나 조직의 운영에서 집중화의 정도는 서로 다르다. 이는 공대위 소속 노조(연맹)가 정책협의 과정에서 공공기관 노조를 대표한다거나 합의의 이행을 책임질 수 있는가라는 문제를 낳는다. 정책협의에서 대표성을 갖는 것도 제한적이겠지만 합의를 강제적으로 적용하는 것은 쉽지 않을 것이다.

또한 공대위가 포괄하고 있는 노조(지부)라 하더라도 기업별 체제가 지배적인 상황에서 단위노조는 집단교섭에 불참하거나 교섭권 위임을 거부할 수 있다. 사용자가 집단교섭 참가를 거부할 수도 있다. 만일 단체협약의 적용범위를 전국적으로 확대할 수 있는 구속력 조항이 있다면 일부 기관이 집단교섭에 참가하지 않더라도 협약을 전체 공공기관에 적용하는 데는 큰 문제가 없을 것이다. 노동조합 및 노동관계조정법에는 사업장이나 지역적 구속력 조항만 존재할 뿐 전국적으로 적용되는 구속력 조항은 없다. 따라서 집단교섭에 참가하지 않은 노사에 대해서 집단교섭의 결과를 강제하려면 정부의 개입이 따라야겠지만 이는 단체교섭의 정신에 맞지 않는다.

조직현황에서 또 하나의 쟁점은 산별노조(연맹) 사이에 조직대상이 중복되는 경우가 있다는 점이다. 보건의료노조와 공공운수노조 의료연대가 조직하고 있는 보건의료영역이 대표적이다. 물론 공공연맹이나 공공노련, 공공운수노조도 조직대상이 중복된다. 문제는 조직대상의 중복이라기보다 단일한 단체교섭단위를 꾸릴 수 있는지 여부다. 집단교섭이 정착되면 중장기적으로 노조 간의 이합집산(조직재편)이 벌어질 수도 있다. 한국노총에 소속된 공공노련과 공공연맹이 통합하지 않을 이유는 당연히 없겠지만 전체 공공기관 노조가 단체교섭을 계기로 하나의 단위로 통합하는 것도 가시권에 들어올 수 있다. 노조 사이의 불필요한 경쟁이나 소모적인 갈등을 방지하고 정부와 사용자를 상대로 보다 중앙집중적이고 통합적인 조합원 대변 시스템을 구축할 수 있기 때문이다(김성규 외, 2010). 한편 집단교섭은 노조 운영의 집중도를 높여 노조의 산별전환을 촉진하는 요소가 된다(Clegg, 1976 참조).

3. 공공기관 사회적 협의기구의 구성 및 운영

공공기관에서 노동조합이 자신의 이해를 실현시키는 대표적인 방법으로는 단체교섭과 정치적 활동이 있다. 정치적 활동은 선거, 입법, 그리고 정책의 형성과정에 개입함으로써 정부의 정책형성과정에 영향을 미치려는 것이다. 정치적 활동이 갖는 중요성은 두말할 나위도 없이 공공기관 노조의 실질적인 사용자는 정부라는 사실에서 비롯된다. 공공기관 노사관계에서 단체교섭이 사실상 제구실을 못한다는 사실도 지적할 수 있다.

노조가 정치적으로 개입할 수 있는 대표적인 수단은 단체교섭(초기업별 교섭)이지만 그 이외에도 정책협의나 국회 로비, 대중집회와 시위 등을 들 수 있다. 사회적 대화는 정부위원회 참가와 함께 노조가 정책협의에 참가하는 대표적인 수단이다. 공공기관 노사관계에서 노조가 배제되고 있는 것은 달리 말해 단체교섭이 빈 껍데기만 남은 데다 사회적 대화마저 막혀 있기 때문이다. 특히 사회적 대화는 단체교섭이 다룰 수 없는 인사·경영 사항은 물론 정부의 정책과 법·제도의 개혁을 논의할 수 있다는 점에서 노동조합의 활동영역을 확장시킨다. 사회적 대화가 제도화되면 노정 사이의 정책협의는 일시적이거나 간헐적인 성격을 넘어 안정적으로 지속될 수 있다.

그간 우리나라에서 노사정위원회로 대표되는 사회적 대화기구는 '사회적 대화의 무덤'이라고 할 만큼 제 기능을 하지 못했다. 여기에는 노동조합을 수평적인 의사결정의 파트너로 인정하지 않는 정부의 태도가 결정적인 이유였다면 그 이면에는 신자유주의 노동정책이 자리를 잡고 있었다. 사회적 대화가 정부주도라는 성격을 띤다면 정부는 주된 건축가(principal architect)에 해당된다. 그런 정부가 신자유주의에 기울어 노동배제를 넘어 노동시장의 유연화와 노동조합 무력화에 나선다는 것은 사회적 대화를 포기하는 행위나 진배없었다. 게다가 정부가 의제와 일정을 독점하고 노조의 팔을 비틀어 합의를 강요하는 분위기에서 사회적 대화는 설 땅을 찾지 못한다. 이런 상황에서 민주노총은 아예 노사정위원회를 탈퇴했으며 한국노총은 널뛰기식으로 참가와 불참을 거듭해왔다.

문재인 정부가 들어서면서 사회적 대화는 새로운 국면을 맞고 있다. 무엇보다도 사회적 대화에서 최대의 걸림돌이었던 신자유주의 노동정책이 급속히 퇴조하고 있다. 최저임금의 인상이나 '공공기관 비정규직 제로화 선언', 나아가 소득(임금)주도성장론의 대두는 신자유주의가 한국에서도 역사의 무대 바깥으로 뒷걸음질치고 있다는 사실을 말한다. 사회적 대화를 바라보는 정부의 태도도 바뀌고 있다. "「한국형 사회적 대화기구」를 만들어 '노동존중사회 기본계획'을 수립하겠습니다." 정부의 공약이다.

사회적 대화를 정상화시키기 위해서는 사회적 대화를 바라보는 권력의 태도 못지않게 노동계의 태도 역시 중요한 변수가 된다. 민주노총은 1999년 2월, 정부의 일방적인 구조조정과 사회적 합의의 미이행 등을 이유로 노사정위원회를 탈퇴한 이래 지속적으로 불참하고 있다. 앞으로도 당분간 민주노총은 위기 속에서 국면 전환자(game changer)가 되기보다는 개혁의 방관자로 남을 가능성이 커 보이는 것도 사실이다.

사회적 대화를 바라보는 노동측의 태도에도 조심스럽게나마 변화가 느껴지고 있다. 일자리위원회에 대한 민주노총의 참여는 물론 산업·업종별 사회적 대화기구에 대한 노동계의 요구도 증대하고 있다. 공공기관이나 보건의료부문이 대표적이다. 그간 사회적 논의는 중앙수준의 사회적 대화에 집중되면서 중위 수준의 사회적 대화는 간과되어 왔다. "글로벌 시장의 압력 하에서 사회적 합의제는 분권화 트렌드를 보이고 있다"는 건 선학태(2011)의 지적이다.

공공기관 노사관계는 다양한 개혁 과제를 안고 있다. 이는 적폐

청산이라고 할 수 있는 성과연봉제의 퇴출이나 이 글이 다루고 있는 노정교섭구조의 형성에 그치지 않는다. 이외에도 △공공부문 비정규직의 정규직화와 처우개선, △노동시간의 단축 등 일자리의 확대, △공공기관운영법의 개정과 지배구조의 개선, △민영화의 저지와 공공성의 회복, △노동이사제의 도입 등 경영참여, △성과연봉제의 퇴출과 임금피크제의 개선, △공공부문의 노동권 보장 등이 주요 개혁과제로 등장하고 있다.5)

공공부문이 이런 과제들을 해결하는 효과적인 방법은 사회적 대화틀을 꾸리는 것이다. 과제별로 공론장을 만들 수도 없거니와 그것이 효율적이지도 못하다. 과제들 사이에서 우선순위를 정하는 일도 쉽지 않을 뿐더러 과제들 사이의 연관성을 무시하기도 어렵다. 그렇다면 공공부문의 개혁과제를 하나의 공론장에 모으는 것이 바람직하다. 만일 공공기관의 사회적 대화기구가 공공정책에 대한 협의뿐 아니라 임금 및 근로조건과 관련된 예산사항까지 협

---

5) 자세한 것은 노광표(2017b)의 10대 과제, 김철(2017) 등을 참고할 수 있다. 노광표의 공공부문 노동개혁 10대 과제는 다음과 같다. △공공부문 일자리 대폭 창출, △성과연봉제 및 저성과자 퇴출제 폐기, △공공부문 노조의 경영참여제도 및 노동이사제 도입, △공공기관 운영에 관한 법률 전면 개정, △경영평가를 운영평가로 전환, △낙하산 인사 방지를 위한 제도방안 도입, △공공기관 중앙 단체교섭(협의)의 보장 및 실현, △공공부문의 상시 지속적인 일자리 비정규 채용 금지 및 간접고용 축소, △경제사회발전 노사정위원회 전면개편, 그리고 △공공부문 노동조합의 사회적 책임 및 내부 혁신이 그것이다.

의의 대상에 포함시킨다면 이는 대화기구를 안정시키는 효과를 가질 것이다. 정부가 노조를 인정하는 효과와 더불어 노조로서는 전국 차원에서 정책협의에 참가하는 효과를 갖기 때문이다.

이 글이 다루는 노정간의 정책협의도 공공기관의 사회적 대화틀에서 이뤄진다. 임금과 근로조건의 개선을 독립된 과제가 아니라 다른 개혁과제와 연동된, 전반적인 공공개혁의 일환으로 본 탓이다. 가령 임금체계의 개편과 지배구조의 개선을 같은 테이블에서 논의하는 것이 그것이다. 이처럼 사회적 기구에서 다양한 과제를 하나의 테이블로 올리는 것은 경제적인 이슈와 정책적인 이슈를 결합하여 종합적인 개혁의 가능성을 높인다.

기존의 공공기관 특위나 발전위원회는 노사정위원회의 하부 분과로 조직되어 노사정위원회에 종속되어 있었다. 따라서 노사정위원회가 파행을 겪게 되면 업종별 대화기구도 덩달아 파행을 겪을 수밖에 없었다. 산업·업종 차원의 사회적 대화기구가 중앙 차원의 대화기구에 수직적으로 종속될 필요는 없다. 그렇다면 향후 공공기관 사회적 대화기구는 전국 차원의 사회적 대화기구 바깥에 구성하거나 그 내부에 구성하더라도 운영에서는 독립적이고 수평적인 위상을 보장할 필요가 있다.

의제선정의 문제나 사회적 대화틀의 운영도 관심의 대상이 된다. 그간 사회적 대화기구의 의제를 선정하는 작업은 정부가 독점권을 행사해 왔다고 해도 과언이 아니다. 앞으로 의제는 정부주도형에서 벗어나 그 자체를 노동조합과 정부가 협의하여 정할 필요가 있다. 또한 논의과정에서 숙의민주주의의 요소를 도입하는 방안도 검토할 수 있다. 숙의민주주의는 이해당사자의 자발적인 참여와 민주적이고 이성적인 토론(숙의)을 거쳐 합의를 끌어냄으로써 합의의 형성을 용이하게 하는 것은 물론 의사결정의 정당성을 높이는 방식이다. 또한 사회적 대화기구가 '반드시' 사회적 협약을 맺어야 한다면 이는 곧바로 기능정지에 빠질 수 있다. 특정한 주제에 대해 시한을 정해 협의하되 합의가 이뤄지지 않으면 논의 결과를 관련기관에 통보하면서 논의를 종료하면 될 것이다.

마지막으로 사회적 대화는 공공정책의 결정과정에 대한 노조의 개입을 보장함으로써 공공서비스 노조주의를 실현하는 수단이 된다. 공공서비스 노조주의는 노조가 공공서비스의 결정과정에 개입하고 나아가 공공서비스의 질을 개선하는 것을 주요한 목표로 삼는 것을 말한다. 기업 차원의 단체교섭은 임금 및 근로조건과 같은 경제조건을 다루는 만큼 공공성을 실현시키는 수단이 되기엔 한계가 있다. 공공기관 노조는 공간적으로는 기관 내부에, 이념적으로는 경제주의에 갇혀 있어 기관 차원에서 공공성이란 허공에 매달아둔 가로등 같아 현실성을 획득하지 못한다.

결론적으로 정부를 사용자로 하는 공공기관 노사관계에서 사회적 대화는 단체교섭과 함께 노정 사이의 중요한 정책협의의 통로가 된다. 다른 관점에서 보면 사회적 대화는 단체교섭 이상으로 정책결정에 영향을 미치는 수단이 된다. 이 글이 노정 사이의 교섭구조로서 '정책협의-집단교섭의 구조'를 제안했다면 사회적 대화틀은 정책협의가 일어나는 실질적인 장(場)이 된다. 그간 사회적 대화를 바라보는 노조의 시각이 곱지 않았다면 그 이면에는 신자유주의 노동정책을 밀어붙이는 정부의 태도가 자리를 잡고 있었다. 그런데 문재인 정부가 들어선 이래 신자유주의 노동정책이 퇴조하면서 노동포용의 정책이 이를 대체한다면 사회적 대화를 바라보는 노동조합의 태도도 변화가 필요할 것이다. 패러다임의 전환기에 노동이 (자발적인) 배제를 선택한다면 그것은 자칫 노동의 위기를 가속시키는 요인이 될 수 있다.[6]

4. 기업 차원의 경영참여

공공기관 노사관계에서 집단교섭(초기업별 교섭)과 뗄 수 없는 관계를 갖는 것은 기업 차원의 경영참여다. 집단교섭이 이뤄지면 기업 내에서는 노조활동의 공백이 발생한다(단체교섭은 보충교섭에 그친다). 이런 상황에서 경영참여(공동결정제도)는 기업 차원에서 단체교섭이 빠져나간 노조의 빈 공간을 메우는 역할을 한다는 점에서 기본적으

---

[6] "민주노총은 노사정위원회 탈퇴를 결의했지 사회적 대화 자체를 거부하기로 결의한 바는 없다. 노사정위원회를 탈퇴한 것은 노사정위원회는 사회적 대화기구가 아니라고 봤기 때문이다. 앞으로 노사정위원회 바깥에서 산업이나 업종 차원의 사회적 대화기구가 구성될 경우 민주노총 소속 노조의 참여 여부에 대한 방침은 결정된 바가 없다. 기준과 절차를 만들어야 한다"(민주노총 노조간부 인터뷰).

로 산별체제의 일환이다. 공동결정제도는 노동이사제와 경영협의회의 합작이다. 전자가 전략적인 의사결정과정에 참여한다면 후자는 일상적인 경영활동에 노조가 참여한다는 것을 의미한다.

이런 예는 독일에서 발견된다. 산별노조로서 단체교섭이 기업 바깥으로 빠져나간 독일에서 사업장은 노조활동의 사각지대라고도 할 수 있다. 따라서 사업장협의회가 (사실상 노조의 기업 내 하부조직으로서) 경영참여의 주체가 되어 노조의 활동을 대신한다. 사업장협의회는 사업장 협정을 맺는다. 여기에는 산별협약의 감시나 고충처리, 산별협약에 의해 위임된 사항이나 산별협약의 실행방안, 그리고 법률이 규정한 사항이나 산별협약에서 명문화되어 위임된 사항 등이 포함된다(일종의 사업장 보충협약이라고도 할 수 있다). 이 경우 사업장 협정이 (산별) 단체협약을 위반할 수는 없으며 쟁의행위도 불가능하다.

경영참여와 관련하여 관심의 대상은 서울시 공공기관에서 도입된 노동이사제다. 2016년 9월 29일, 서울시가 추진한 「서울특별시 근로자이사제 운영에 관한 조례」가 발효됐다. 이로써 민간·공공부문을 통틀어 우리나라에서 최초로 서울시 투자출연·기관에서 노동이사제를 도입할 수 있는 법적인 근거가 만들어졌다. 서울시에도 도입한 노동이사제의 주요 내용은 <표 4-5>와 같다(박태주, 2016b 참조). 문재인 정부는 전체 공공기관에 노동이사제를 도입하는 것을 공약으로 내걸었다. 한편 서울시에서 공공기관 노사와 서울시는 노사협의회의 강화된 형태로서 '경영협의회'(works council)를 도입하기 위한 노사정 논의를 시작했다.

<표 4-5> 서울시 공공기관 노동이사제 주요 내용

	구분	주요 내용
근로자이사제	명칭	'근로자 이사제'
	대상기관	100명 이상 공사·공단·출연기관(총 16개 기관)
	근로자이사의 수	100명 미만 1명, 100명 이상 2명(총 22명)
	임명절차	선관위 구성 → 종업원 선출 → 임추위 추천 → 시장임명
	선거관리위원회	임원추천위원회에서 구성(비상임이사 + 노·사), 서울모델협의회의 선거분쟁 조정, 중재
	조합원 신분	사용자에 해당되어 조합원 신분 유지 불가
	대우	무보수. 회의 수당 지급 및 활동편의 제공
	제도 도입	조례제정을 거쳐 2016년 10월 ~

5
공공부문 노정교섭 실현을 위한 조건

제5장 | 공공부문 노정교섭 실현을 위한 조건

1. 공공부문 산별조직체계의 확립

1) 공공서비스 산별노조주의의 정립

공공부문 노정교섭 실현을 위한 중요한 전제적 조건은 기존의 기업별 노조체제에서 초기업별 노조체제로의 전환이라고 할 수 있다. 여기서 기업별 노조체제의 초기업별 노조체제로의 전환은 단체교섭의 집중화와 사회적 연대를 통한 산별체제로의 전환을 의미한다. 동시에 단체교섭의 집중화(노정교섭 내지 다수사용자교섭)를 추구한다는 것은 기본적으로 노동운동 노선의 변화를 의미한다. 기업별 체제에 바탕을 둔 경제적 실리의 추구에서 산별체제에 바탕을 두고 공공성과 연대를 추구하는 것이 그것이다. 조직형태란 측면에서 볼 때 산별체제는 기업별로 분산된 권력과 자원을 중앙으로 집중하는 것을 주요 원칙으로 하고 있다. 하지만 산별조직체계를 대산별로 가져갈 것인가 또는 소산별로 가져갈 것인가 하는 것은 산업체계와 노동자 집단이 처하고 있는 객관적 상황에 따라 다를 수 있다.

산별노조의 역할이 산별교섭에 머무르는 것은 아니다. 사회적 대화 역시 산별노조를 조직적 토대로 한다는 점에서 산별체제의 일환이다. 산별 차원에서 조합원의 의사를 대변하고 합의된 의사를 이행할 수 있는 장치가 산별노조다. 산업·업종 차원의 사회적 대화는 노조가 산업정책이나 노동정책에 개입할 수 있는 창구다.

단체교섭은 기본적으로 노사의 경제적 이해다툼이나 갈등을 해결하는 장이다. 공공성과 사회적 연대는 공공부문 산별노조 정신을 드러내는 대표적인 구호라고 할 수 있다. 공공성과 사회적 연대의식을 높이려면 정부 정책에 대한 산별노조의 정책적 개입이 요구되며 그것을 실현하는 중추적인 장치가 산업·업종 차원의 사회적 대화다. 사회적 대화가 단체교섭이 다루지 못한 정책의제를 다룬다면 경영참여는 단체교섭이 비껴간 인사와 경영권에 대한 노동자의 참가를 보장하는 장치다. 기업 차원에서 이뤄지는 경영참여는 산별교섭체제로 인해 공동화(空洞化)된 기업 차원의 노조조직과 활동을 메우려는 노조전략의 일환이기도 하다. 가령 독일의 사업장협의회(works council)는 한편으로는 산별협약의 이행을 감시하거나 기업협정을 체결하고 다른 한편으로는 기업의 의사결정과정에 참여하는 수단이 된다. 기업 차원에서 이뤄지는 경영참여('공동결정제도')도 산별노조를 전제로 한다면 이 역시 산별체제의 일환으로 봐야 한다.

산별체제는 교섭구조뿐만 아니라 사회적 대화와 경영참여를 포함하는 넓은 개념으로 이해됨으로써 비로소 기업별 노조체제를 극복하는 수단이 될 수 있다. 공공부문의 산별노조체제는 중앙에 집중된 자원을 활용하여 정책역량을 강화하고 정치개입을 확대함으로써 국가를 매개로 한 사회복지 확대 전략으로 전환해야 한다(이철승 2016).

공공부문 산별체제의 정신이 연대라면 그것이 노동운동의 노선으로 모습을 드러낸 것이 사회운동 노조주의, 혹은 그것의 공공적 표현인 공공서비스 노조주의(public service unionism)다. 공공서비스 노조주의란 노조가 공공성의 제고를 주요한 목표로 삼아 조합원을 동원하고 사회적 연대를 조직하는 운동노선을 말한다(박태주, 2016). 공공서비스 노조주의는 △공공적 가치의 추구와 △조합원의 동원, 그리고 △사회적 연대의 형성, 그리고 △정치참여를 핵심적인 구성요소로 삼는다.

노조가 공적인 가치를 추구하더라도 그것이 조합원의 경제적 가치와 충돌해서는 지속 가능하지 않다. 공공서비스 노조주의는 경제적 실리주의에 대한 반발에서 비롯됐지만 경제적 실리주의를 배제하는 것은 아니다(황현일, 2012). 노동조합이 노동자의 물질적 이익'만'을 추구하는 것을 비판하는 것이지 물질적 이익을 추구하는 것 자체를 비판하는 것은 아니다. 실제로 노동자들의 다수가 자신들의 물질적 이익이 아닌 다른 어떤 것을 위해 투쟁에 나서리라고 기대하는 것은 비현실적이다(달링턴, 2015: 257).

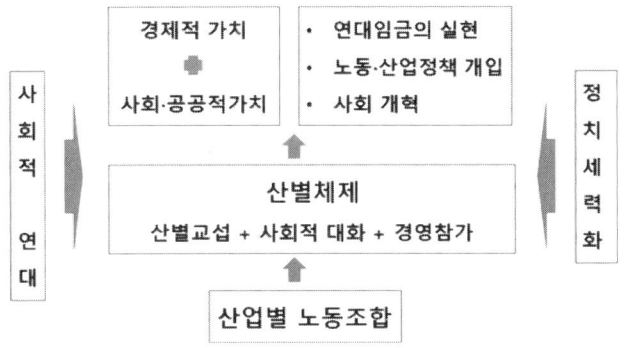

<그림 5-1> 공공부문 산별체제의 구성

자료: 박태주(2016)

요컨대 공공부문의 노동운동의 이념은 노동자의 경제적 삶과 공공성이라는 사회적 가치를 동시에 추구한다는 점에서 공공서비스 노조주의에 해당된다. 그것을 담아내는 장치로서 산별체제는 산별노조의 기반 위에 산별교섭체제와 사회적 대화, 그리고 경영참여를 배치한다. 마지막으로는 공공적 가치를 추구하는 사회적 연대와 그 실현을 담보하는 정치세력화가 공공서비스 노조주의의 외곽을 담당한다(<그림 5-1> 참조).

공공부문 노동조합이 노정(산별)교섭을 원한다면 전망이 불투명한 산별교섭의 법제화 요구에 앞서 스스로 산별체제로의 조직 전환과 연대부터 하는 것이 매우 중요하다고 할 수 있다. 여기에는 공공부문의 조직형태를 산별로 전환하는 것뿐 아니라 산별정신을 실현시키려는 노력이 포함된다. 여기에는 연대임금(동일가치노동 동일임금) 원칙의 실현과 더불어 비정규직에 대한 관심을 요구한다.

2) 공공부문 산별노조 현황과 조직 발전 방안

(1) 공공부문 노동조합 현황

공공기관노조는 크게 세 부분으로 구성된다. 중앙정부(기획재정부)가 매년 「공공기관의 운영에 관한 법률」에서 지정하는 중앙공공기관에 설립된 노조, 지방정부의 공사·공단 등 지방공기업 소속 노조 그리고 이들 두 기관에 설립된 비정규직노동조합이다.

<표 5-1> 공공기관노동조합 현황

	정규직		무기계약직		비정규직		전체	
	조합원수	조직률(%)	조합원수	조직률(%)	조합원수	조직률(%)	조합원수	조직률(%)
공기업(시장형)	39,779	73.8	46	35.7	1	0.1	39,826	72.3
공기업(준시장형)	47,070	77.5	2,396	80.3	1,944	34.7	51,410	74.2
준정부기관(기금관리형)	16,027	79.6	1,304	80.3	13	0.8	17,344	74.3
준정부기관(위탁집행형)	46,319	78.0	4,167	72.9	372	7.3	50,858	72.4
기타공공기관	44,521	49.2	6,938	53.4	1,129	4.6	52,588	41.1
전체	193,716	68.1	14,851	63.4	3,459	9.1	212,026	61.3

2017년 7월 1일 기준 중앙공공기관 355개 기관 중 248개 기관에 노조가 설립되어 있으며, 조합원수는 212,026명으로 노조 가입률은 61.3%에 이른다. 중앙공공기관 중 공기업과 준정부기관의 노조조직률은 70%를 넘고 있으나 기타공공기관은 41.1%에 머물고 있다(<표 5-1> 참조).

<표 5-2> 지방공사·공단 노동조합 현황

		전체		무노조기관		유노조기관	
		기관수	현원	기관수	현원	기관수	현원
지방공사	도시철도	7	26,921	-	-	7	26,921
	도시개발	16	4,858	4	699	12	4,159
	기타공사	37	7,433	13	1,341	24	6,092
지방공단	시설관리	78	22,673	31	4,816	47	17,857
	기타공단	8	3,000	1	128	7	2,872
합계		146	64,885	49	6,984	97	57,901

자료: 이정봉(2017)
주: 현원은 '소속외' 인력 제외한 일반정규직 현원, 상용 정규 무기계약직, 상용정규 청원경찰, 상용정규 기타, 비정규직 기간제, 비정규직 단시간, 비정규직 기타를 포함함.

<표 5-2>는 지방공기업 현황이다. 지방공사·공단은 2016년도 경영공시 기준으로 146개이고, 이 중 노조가 있는 기관은 97개(66.4%)이고, 노조가 없는 기관은 49개(33.6%)이다. 지방공사·공단

의 현원은 64,885명이고, 유노조 사업장 현원은 57,901명(89.2%)이다. 기관 유형별 노동조합 설립현황을 살펴보면, 도시철도공사 7개(100%), 도시개발공사 12개(75%), 기타공사 24개(64.9%), 시설관리공단 47개(60.3%), 기타공단 7개(87.5%)이다.

양대 노총 공대위에 포괄되어 있는 5개 노동조합(연맹)의 조직 현황을 요약하면 <표 5-3>과 같다. 5개 산별노조(연맹) 소속 공공기관 조합원 수는 약 199,703명으로 추산된다. 여기에 한국수력원자력노조 등 상급단체 미가입 조직을 고려하면 조직노동자 수는 약 25만 명 이상으로 추산된다.

<표 5-3> 공대위 소속 공공기관노조

		전체 조합원 수(a)	공공기관 조합원 수(b)	비중(b/a)
한국노총	공공연맹	37,256	22,000	59.0
	공공노련	49,060	48,551	98.9
	금융노조	98,788	17,018	17.0
민주노총	공공운수노조	178,074	100,405	56.0
	보건의료노조	49,008	14,536	29.0
	합계	412,186	202,510	51.98

자료: 5개 노조(연맹) 내부 자료

■ **중앙공공기관**[1]

355개의 공공기관 중 약 248개 기관에 노동조합이 결성되었다. 이 중 단일노조가 결성된 기관은 193개이고 복수노조가 결성된 기관은 55개이다. 시장형 공기업·준시장형 공기업·기금관리형 준정부기관의 경우 모든 기관에 노동조합이 결성되어 있으며 기타공공기관 중 92개 기관은 노동조합이 없거나 노동조합 정보를 공시하지 않은 상태다.

<표 5-4> 공공기관 노동조합 결성 현황(2017년 1/4분기): 공공기관 유형별

	단일노조	복수노조	노조 없음/미공시	합계
공기업 (시장형)	8 (57.1%)	6 (42.9%)	0 (-)	14
공기업 (준시장형)	13 (61.9%)	8 (38.1%)	0 (-)	21
준정부기관 (기금관리형)	12 (75.0%)	4 (25.0%)	0 (-)	16
준정부기관 (위탁집행형)	47 (61.0%)	15 (22.1%)	13 (16.9%)	75
기타공공기관	113 (50.0%)	22 (9.3%)	92 (40.7%)	227
전체	193 (54.5%)	55 (15.8%)	105 (29.7%)	353

주: * KDI 국책대학원 미공시로 제외

---

[1] 분석 대상은 2017년 5월 1일 알리오(www.alio.go.kr)를 통해 경영정보를 공시한 332개 기관 및 23개의 부설기관이다. 단, 데이터 취합 과정 중 정보통신산업진흥원(기타공공기관)과 부설기관인 정보통신기술진흥센터(위탁집행형 준정부기관)는 노동조합 정보가 중복으로 기입된 것으로 판단되어 '정보통신산업진흥원'으로 통합했다.

공공기관 노동조합의 총 조합원 수는 약 21만 7,591명이다. 공공기관 유형별로 조합원 수를 보면, "① 준시장형공기업 55,717명 > ② 기타공공기관 52,588명 > ③ 위탁집행형 준정부기관 50,858명 > ④ 시장형공기업 41,084명 > ⑤ 기금관리형 준정부기관 17,344명" 순이다.

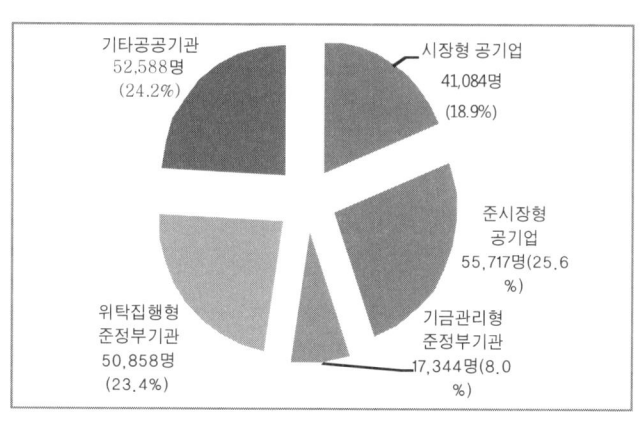

<그림 5-2> 공공기관 유형별 조합원 수

* 주: 노동조합 중복가입자 포함

공공기관 노동조합의 규모별 비중을 보면 <표 5-5>와 같다. 조합원 수 100명 미만의 노조의 비중이 약 39.2%이고, 그 다음으로 '100 이상-300 미만'이 25%였다. 반면 조합원 수 3,000명 이상 규모의 노동조합은 4.6%에 불과했다. 기타공공기관의 경우, 100명 미만 노동조합이 절반가량의 비중(54.8%)을 차지하고 있음을 확인할 수 있다.

<표 5-5> 공공기관노동조합의 조합원 규모별 비중

	100 미만	100 이상-300 미만	300 이상-500 미만	500 이상-1,000 미만	1,000 이상-3,000 미만	3,000 이상	합계
공기업 (시장형)	2(9.1%)	4(18.2%)	2(9.1%)	2(9.1%)	9(40.9%)	3(13.6%)	22
공기업 (준시장형)	10(27.0%)	6(16.2%)	3(8.1%)	3(8.1%)	9(24.3%)	6(16.2%)	37
준정부기관 (기금관리형)	5(22.7%)	4(18.2%)	4(18.2%)	4(18.2%)	3(13.6%)	2(9.1%)	22
준정부기관 (위탁집행형)	19(24.7%)	27(35.1%)	11(14.3%)	7(9.1%)	10(13.0%)	3(3.9%)	77
기타 공공기관	91(54.8%)	40(24.1%)	11(6.6%)	11(6.6%)	12(7.2%)	1(0.6%)	166
전체	127(39.2%)	81(25.0%)	31(9.6%)	27(8.3%)	43(13.3%)	15(4.6%)	324

공공기관의 노동조합 조직률은 약 61.3%이다. 고용형태별로 봤을 때 정규직 193,716명(68.1%), 무기계약직 14,851명(63.4%), 그리고 비정규직 3,459명(9.1%)이다.

<그림 5-3> 공공기관의 고용형태별 노조 조직률

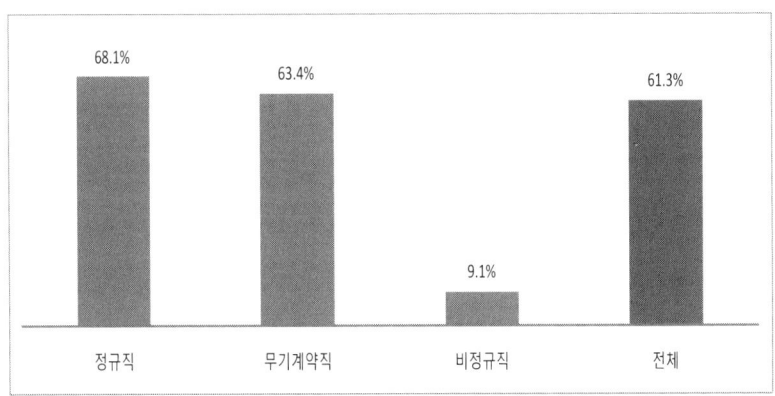

공공기관 유형별로 보면 기타공공기관의 조직률이 41.1%로 가장 낮고, 기금관리형 준정부기관이 74.3%로 가장 높았다. 비정규직 노동자의 조직률이 낮은 가운데 준시장형 공기업의 비정규직 조직률이 34.7%로 높은 것으로 나타났다.

<표 5-6> 공공기관 노동조합 고용형태별 조직률 : 공공기관 유형별

	정규직		무기계약직		비정규직		전체	
	직원 수	조합원 수 (조직률)	직원 수	조합원 수 (조직률)	직원 수	조합원 수 (조직률)	직원 수	조합원 수 (조직률)
공기업 (시장형)	53,885	39,779 (73.8%)	129	46 (35.7%)	1,037	1 (0.1%)	55,051	39,826 (72.3%)
공기업 (준시장형)	60,742	47,070 (77.5%)	2,983	2,396 (80.3%)	5,597	1,944 (34.7%)	69,322	51,410 (74.2%)
준정부기관 (기금관리형)	20,133	16,027 (79.6%)	1,623	1,304 (80.3%)	1,590	13 (0.8%)	23,346	17,344 (74.3%)
준정부기관 (위탁집행형)	59,410	46,319 (78.0%)	5,712	4,167 (72.9%)	5,086	372 (7.3%)	70,207	50,858 (72.4%)
기타 공공기관	90,409	44,521 (49.2%)	12,985	6,938 (53.4%)	24,549	1,129 (4.6%)	127,942	52,588 (41.1%)
전체	284,579	193,716 (68.1%)	23,432	14,851 (63.4%)	37,857	3,459 (9.1%)	345,868	212,026 (61.3%)

총 연합단체별로 노동조합 조직 수는 "① 민주노총 137개 (42.3%) > ② 한국노총 96개(29.6%) > ③ 미가맹 91개(28.1%)" 순이었다. 조합원 수는 "① 한국노총 93,784명(43.1%) > ② 민주노총 91,170명(41.9%) > ③ 미가맹 32,759명" 순으로 나타났다.

<그림 5-4> 공공기관노동조합의 총연합단체별 조직수 및 조합원 수

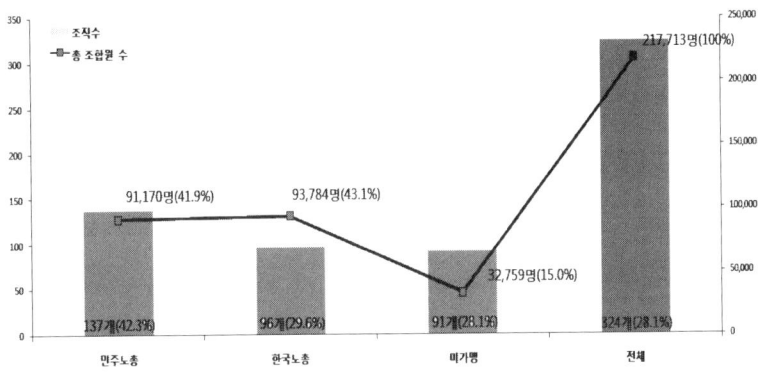

양대노총의 산별연맹별 공공기관노조의 조직수와 조합원 수, 고용형태별 비중은 <표 5-7>과 같다.

<표 5-7> 공공기관노동조합의 산별연맹별 조직 수 및 총 조합원 수

	조직수	총 조합원 수	정규직		무기계약직		비정규직	
			조합원 수	%	조합원 수	%	조합원 수	%
전국공공운수노조	110	70,635	67,728	95.9	2,489	3.5	418	0.6
전국보건의료산업노조	15	16,489	15,087	91.5	757	4.6	645	3.9
전국민간서비스산업노조연맹	1	25	0	0.0	25	100.0	0	0.0
전국사무금융노동조합연맹	2	539	447	82.9	80	14.8	12	2.2
전국언론노동조합	5	479	460	96.0	1	0.2	18	3.8
전국정보경제서비스노조연맹	4	3,003	2,773	92.3	208	6.9	22	0.7
민주노총 계	137	91,170	86,495	94.9	3,560	3.9	1,115	1.2

공공부문 노정교섭 실현을 위한 조건 ∎ 81

	조직수	총 조합원 수	정규직		무기계약직		비정규직	
			조합원 수	%	조합원 수	%	조합원 수	%
전국공공산업노조연맹	29	42,411	38,897	91.7	1,578	3.7	1,936	4.6
전국공공노조연맹	42	25,983	23,231	89.4	2,676	10.3	76	0.3
광주, 전남지역 일반노조	1	8	8	100.0	0	0.0	0	0.0
전국IT사무서비스노동조합	2	2,093	1,288	61.5	777	37.1	28	1.3
전국관광서비스노동조합연맹	1	1	0	0.0	1	100.0	0	0.0
전국광산노동조합연맹	1	1,299	1,271	97.8	15	1.2	13	1.0
전국금융산업노동조합	8	17,034	13,293	78.0	3,740	22.0	1	0.0
전국연합노동조합연맹	6	994	497	50.0	470	47.3	27	2.7
전국우정노동조합	2	891	613	68.8	257	28.8	21	2.4
전국자동차노동조합연맹	1	1,101	1,101	100.0	0	0.0	0	0.0
전국자동차노동조합연맹	2	1,919	1,793	93.4	45	2.3	81	4.2
기타	1	50	50	100.0	0	0.0	0	0.0
한국노총 계	96	93,784	82,042	87.5	9,559	10.2	2,183	2.3
미가입	91	32,759	30,501	93.1	1,975	6.0	161	0.5

<표 5-8>은 공공기관노동조합을 특성(업종)별로 구분하여 조합원 수를 비교한 것이다. 특성은 "① 에너지·자원, ② 보건, ③ 노동·복지·환경, ④ 문화·미디어·관광, ⑤ 금융, ⑥ 국토·농림·해양, ⑦ 연구소(인문), ⑧ 연구소(과학), ⑨ 경제·통상, ⑩ 기타" 등 10가지로 구분하였다. 특성별로 구분할 때 조합원 수가 가장 많은 곳은 '국토·농림·해양'으로 61,592명, '에너지·자원' 55,273명

순이다. 무기계약직의 조직화가 가장 활발한 업종은 금융이었다.

<표 5-8> 공공기관노동조합의 특성(업종)별 조합원 수

산업	정규직			무기계약직			비정규직			전체		
	직원수	조합원수	조직률	직원수	조합원수	조직률	직원수	조합원수	조직률	직원수	조합원수	조직률
에너지·자원	70,511	54,490	77.3	905	769	85.0	2,455	14	0.6	73,871	55,273	74.8
보건	39,848	20,269	50.9	3,448	1,273	36.9	6,037	652	10.8	49,333	22,194	45.0
노동·복지·환경	35,087	28,239	80.5	1,847	1,007	54.5	3,745	77	2.1	40,679	29,323	72.1
문화·미디어·관광	11,848	8,376	70.7	2,153	1,476	68.6	1,669	224	13.4	15,670	10,076	64.3
금융	19,592	14,786	75.5	3,496	3,882	111.0	1,101	15	1.4	24,189	18,683	77.2
국토·농림·해양	68,022	54,913	80.7	5,941	4,579	77.1	7,744	2,100	27.1	81,707	61,592	75.4
연구소(인문)	8,250	1,968	23.9	855	132	15.4	3,843	85	2.2	12,948	2,185	16.9
연구소(과학)	15,200	6,608	43.5	654	273	41.8	8,890	222	2.5	24,744	7,103	28.7
경제통상	8,765	5,450	62.2	3,679	1,637	44.5	1,248	37	3.0	13,692	7,124	52.0
기타	7,456	3,939	52.8	455	66	14.5	1,124	33	2.9	9,035	4,038	44.7
합계	284,579	199,038	69.9	23,432	15,094	64.4	37,857	3,459	9.1	345,868	217,591	62.9

■ 지방공기업

지방공기업인 지방공사·공단의 노조 조직 현황을 보면 다음과 같다. 지방공기업의 유노조 사업장 중 단일노조는 59개고, 복수노조는 38개이다. 지방공사·공단 유노조 사업장의 조합원은 41,754명이고, 단일노조에 소속된 조합원은 12,381명(29.7%)이다. 기관유형별 노조 조합원의 규모를 보면, 도시철도공사 22,818명(54.6%),

도시개발공사 2,995명(7.2%), 기타공사 3,966명(9.5%), 시설관리공단 10,089명(24.2%), 기타공단 1,886명(4.5%)이다.

<표 5-9> 지방공사·공단 노동조합 유무 현황

		유노조 기관수	유노조 전체		단일노조		복수노조	
			노조수	조합원	노조수	조합원	노조수	조합원
지방공사	도시철도	7	17	22,818	2	3,682	15	19,136
	도시개발	12	16	2,995	9	1,118	7	1,877
	기타공사	24	34	3,966	16	2,137	18	1,829
지방공단	시설관리	47	73	10,089	27	4,093	46	5,996
	기타공단	7	9	1,886	5	1,351	4	535
합계		97	149	41,754	59	12,381	90	29,373

지방공기업노조의 상급단체 소속 현황은 <표 5-10>과 같다. 지방공사·공단 노동조합은 상급단체가 있거나 일반노조의 지부 소속이 116개(77.9%)이고, 상급단체가 없는 미가맹 노조는 33개(22.1%)이다. 상급단체별 노동조합 수를 보면 한국노총이 40개(26.8%), 민주노총 39개(26.2%), 공공노총 33개(22.1%), 미가맹 노동조합 33개(22.1%), 기타 4개(2.7%) 순이다. 상급단체별 조합원 규모를 보면, 민주노총이 23,136명(55.4%), 한국노총 9,663명(23.1%), 공공노총 5,819명(13.9%), 미가맹 3,074명(7.4%), 기타 62명(0.1%) 순이다.

지방공기업의 상급단체를 세부적으로 보면, 민주노총의 5개 노조·연맹과 지역본부, 한국노총의 3개 연맹과 지역본부, 공공노총의 지방공기업연맹, 시설관리노조와 공공비정규노조에 가맹되어 있다. 상급단체별 노동조합 수를 살펴보면, 지방공기업연맹 33개(22.1%), 미가맹 33개(22.1%), 공공운수노조 26개(17.4%), 공공연맹 21개(14.1%), 연합노련 14개(9.4%) 순이다.

<표 5-10> 지방공사·공단 상급단체 노동조합 현황(Ⅰ)

		지방공사			지방공단		전체	
		도시철도	도시개발	기타공사	시설관리	기타공단	합계	비율
한국노총	노조	3	6	10	17	4	40	26.8
	조합원	3,984	1,504	846	2,140	1,189	9,663	23.1
민주노총	노조	9	5	7	18	-	39	26.2
	조합원	18,306	501	724	3,605	-	23,136	55.4
공공노총	노조	-	3	11	15	4	33	22.1
	조합원	-	861	1,449	2,883	626	5,819	13.9
기타	노조	1	-	-	3	-	4	2.7
	조합원	59	-	-	3	-	62	0.1
미가맹	노조	4	2	6	20	1	33	22.1
	조합원	469	129	947	1,458	71	3,074	7.4
합계	노조	17	16	34	73	9	149	100.0
	조합원	22,818	2,995	3,966	10,089	1,886	41,754	100.0

주: 기타는 공공비정규노조와 시설관리노조임.

상급단체별 노동조합 조합원 수를 보면, 공공운수노조 22,200명(53.2%), 공공연맹 7,049명(16.9%), 지방공기업연맹 5,819명(13.9%), 미가맹 3,074명(7.4%), 연합노련 1,806명(4.3%) 순이다.

<표 5-11> 지방공기업노조 상급단체 노동조합 현황(II)

			지방공사			지방공단		합계	비율
			도시철도	도시개발	기타공사	시설관리	기타공단		
민주노총	건설연맹	노조		1				1	0.7
		조합원		43				43	0.1
	공공운수	노조	7	4	4	11		26	17.4
		조합원	18,164	458	422	3,156		22,200	53.2
	민주연합연맹	노조			2	2		4	2.7
		조합원			127	198		325	0.8
	여성연맹	노조	2					2	1.3
		조합원	142					142	0.3
	정보경제서비스연맹	노조			1			1	0.7
		조합원			175			175	0.4
	민주노총 지역본부	노조				5		5	3.4
		조합원				251		251	0.6
한국노총	공공노련	노조		1				1	0.7
		조합원		192				192	0.5
	공공연맹	노조	3	4	6	5	3	21	14.1
		조합원	3,984	888	633	616	928	7,049	16.9
	연합노련	노조		1	3	9	1	14	9.4
		조합원		424	109	1,012	261	1,806	4.3
	한국노총 지역본부	노조			1	3		4	2.7
		조합원			104	512		616	1.5
공공노총	지방공기업연맹	노조		3	11	15	4	33	22.1
		조합원		861	1,449	2,883	626	5,819	13.9
시설관리, 공공비정규		노조	1			3		4	2.7
		조합원	59			3		62	0.1
미가맹		노조	4	2	6	20	1	33	22.1
		조합원	469	129	947	1,458	71	3,074	7.4
합계		노조	17	16	34	73	9	149	100.0
		조합원	22,818	2,995	3,966	10,089	1,886	41,754	100.0

한국 공공기관노동조합의 조직 특징은 다음 3가지로 요약할 수 있다. 먼저, 높은 노조조직률이다. 2016년 1월 기준 공공기관 노조 조직률은 68.7%로 민간부분 9.1%, 교원 14.6%, 공무원 66.3%에 비해 월등히 높다. 높은 노조조직률은 동질적인 작업 조건, 노조 조직화에 유리한 종업원 규모 그리고 정부의 관료적 통제에 대한 불만이 결집된 결과로 판단된다. 둘째, 노동조합 조직의 분산성이다. 공공기관노동조합들은 사업장 수준에서 대부분 독점적 위상을 갖고 있으나 산업·국가 수준의 경우 복수 노동단체간 경쟁으로 '대표성'이 약하다. 공공기관노동조합들은 한국노총 소속 3개 산별연맹(공공노련, 공공연맹, 금융노조)과 민주노총 소속 2개(공공운수노조, 보건의료노조)로 분산되어 있다. 또한 한국수력원자력노조, 지방공기업노조 등 양대 노총에 가입하지 않은 다수의 노조들이 존재한다. 셋째, 공공기관노조의 조직형태는 기업별노조가 지배적이다. 양대 노총 소속 공공기관노조들은 산별노조 건설을 과제로 설정하고 있으나 그 속도는 매우 더디며, 산별노조로 전환한 조직들도 기업별노조체제나 교섭의 틀을 벗어나지 못하고 있다. 기업별노조는 공공기관노조들이 사회(계급)적 연대를 추구하는 데 큰 걸림돌로 작용하고 있다.

(2) 공공부문 산별노조(연맹) 현황 분석

① 한국노총 소속

한국노총 소속 공공기관 노조들은 전국공공노동조합연맹(이하,

공공연맹), 전국공공산업노동조합연맹(이하, 공공노련), 금융산업노조(이하, 금융노조) 등이다. 일부 공공기관 소속 비정규노조들은 연합노련 소속이다. 대다수 공공기관노조들은 공공연맹과 공공노련에 속해 있으며, 금융노조에는 산업은행, IBK기업은행 등 국책은행노조가 가입되어 있다.

■ 전국공공노동조합연맹

공공연맹은 2017년 5월 현재 한국토지주택공사노조 등 100여 개 노조를 소속 노조로 하고 있으며, 조합원 수는 약 37,000명이다. 공공연맹은 외환위기 이후 공공부문에 가해진 민영화와 구조조정에 대항하기 위해 한국노총 소속 공공부문 3개 연맹(공공건설노련, 공공서비스연맹, 정투노련)이 통합하여 2004년 설립하였다. 하지만 2010년에 공공연맹 소속 공기업노조들이 탈퇴하여 2012년 전국공공산업노동조합연맹을 설립함으로써 한국노총 내 공공부문 조직은 이원화된 상태이다. 공공연맹 소속 노조들은 일부 공기업노조와 다수의 준정부기관노조, 기타공공기관노조 그리고 지방공기업노조들로 구성되어 있다. 2014년 공공연맹은 공공노련과 조직 통합을 선언하고 통합 작업을 추진하였으나, 정부의 노동시장구조개혁 작업에 대한 대응 방침을 둘러싼 이견으로 통합 작업은 중단된 상태이다.

공공연맹 산하 조직들은 대부분 기업별노조이나 '노동부유관기관노조'와 '환경부유관기관노조'는 소산별노조이다. 공공연맹 조직의 특징은 조합원 수가 적게는 5명에서 5,000명까지 편차가 크다. 소속 조직 중 조합원 수가 1,000명 이상인 조직은 총 8개로 "① 한국농어촌공사노조(5,000명) > ② 한국토지주택공사노조(3,000명) > ③ 근로복지공단노조(2,610명) > ④ 한국메트로노조(2,500명) > ⑤ 도로교통공단노조(2,000명) > ⑥ 전국통계청노조(2,000명) > ⑦ 주택관리공단노조(1,910명) > ⑧ 한국환경공단노조환경관리지부(1,100명)"이다. 이들 조직의 조합원 총 수는 20,120명으로 전체 조합원의 54%를 차지하고 있다. 특징적인 것은 공공부문 무기계약직을 주된 조직대상으로 하는 노조가 국토교통부국토관리노조 등 약 4,000명이 조직되어 있다는 점이다.

<표 5-12> 공공연맹 산하 조직 및 조합원 수

		노조 명	조합원수
국토·농림·해양	1	국립해양생물자원관노조	50
	2	농업정책보험금융원노조	23
	3	선박안전기술공단노조	150
	4	전국경마장마필관리사노조	568
	5	주택관리공단노조	1,910
	6	한국건설관리공사노조	320
	7	한국농어촌공사노조	5,000
	8	한국토지신탁노조	96
	9	한국토지주택공사노조	3,000
	10	한국해사위험물검사원노조	39
	11	한국해운조합노조	50
		소 계	11,206

		노조 명	조합원수
	12	건설근로자공제회지부	70
	13	고용노동연수원지부	52
	14	국립공원관리공단노조	924
	15	국립생태원노동조합	141
	16	근로복지공단노조	2,610
	17	노동부유관기관노조	
	18	노사발전재단지부	70
	19	대한법률구조공단노조	384
	20	대한산업보건협회노조	760
	21	대한상의인력개발사업단지부	184
	22	한국고용정보원지부	130
노동·복지·환경	23	한국기상산업진흥원노조	70
	24	한국도박문제관리센터노조	25
	25	한국사회적기업진흥원지부	42
	26	한국산업안전보건공단노조	950
	27	한국산업인력공단지부	760
	28	한국자원순환노조	112
	29	한국장애인고용공단지부	322
	30	한국폴리텍대학교사지부	100
	31	한국환경공단노조환경관리지부	1,100
	32	한국환경공단노조환경자원지부	515
	33	한국환경산업기술원노조	200
	34	학교법인 한국폴리텍노조	310
	35	환경부유관기관노조	
		소 계	**9,831**

		노조 명	조합원수
문화·과학·통상	36	88관광개발(주)노조	93
	37	FITI노조 (한국원사직물시험연구원)	102
	38	KOTITI시험연구원노조	101
	39	KTC노조(舊 기기유화MPI)	60
	40	강원도공공통합노조	19
	41	국기원노조	36
	42	국립박물관문화재단노조	30
	43	디지털미술센터노조	29
	44	중소기업기술정보진흥원 노조	70
	45	코스콤노조	417
	46	한국국제협력단노조	102
	47	한국문화진흥(주)노조	100
	48	한국소방산업기술원노조	97
	49	함께일하는재단노조	11
		소 계	1,267
안전행정·지방공기업	50	(재)서울산업진흥원노조	100
	51	sh서울주택도시공사노조	200
	52	강남구도시관리공단노조	100
	53	경기도시공사노조	180
	54	광주도시관리공사	84
	55	근로복지공단참노조	50
	56	김포시도시공사	33
	57	남북교류협력지원협회노조	9
	58	노동부직업상담원노조	42
	59	대구광역시서부노인전문병원노조	50
	60	대구도시공사노조	80

		노조 명	조합원수
안전 행정 · 지방 공기업	61	대구도시철도노조	800
	62	대구시설공단노조	100
	63	대구의료원노조	120
	64	대구환경공단노조	200
	65	대한지방행정공제회노조	83
	66	도로교통공단노조	2,000
	67	부산관광공사노조	50
	68	부산환경공단노조	310
	69	부천시시설관리공단노조	50
	70	부천지역 공공서비스노조	17
	71	서울메트로노조	2,500
	72	서울시양천구시설관리공단노조	42
	73	성남도시개발공사노조	200
	74	세이러스상록노조	25
	75	세종연구소노조	5
	76	승강기안전공단노조	200
	77	안성시시설관리공단노조	170
	78	안양시설관리공단노조	120
	79	인천시남구시설관리공단 참노조	26
	80	인천도시공사노조	200
	81	인천환경공단노조	110
	82	제주특별자치도제주의료원노조	70
	83	중부지역공공산업노조	1,000
	84	지방공기업평가원노조	20
	85	통합인천교통공사노조	380
	86	파주시설관리공단노조	85
	87	평택도시공사노조	19
	88	한국도자재단노조	73

		노조 명	조합원수
안전 행정 · 지방 공기업	89	한국소방안전협회노조	100
	90	한국지방재정공제회노조	59
	91	도시철도산업노조	150
	92	화성도시공사노동조합	25
		소 계	10,237
무기계약직	93	국립농산물품질관리원노조	400
	94	국토교통부 국토관리노조	210
	95	국토교통부전국하천관리직노조	68
	96	대전지역공무직노조	382
	97	도시철도그린환경노조	120
	98	전국공무직노조	305
	99	전국통계청노조	2,000
	100	서울메트로환경	920
	101	철도서비스충청영남노조	100
	102	충북도청공무직노조	110
	103	충주시청공무직노조	100
		소 계	4,715
		합 계	37,256

■ **전국공공산업노동조합연맹**

공공노련은 2010년 출범한 전국공기업연맹과 전국전력노동조합이 2012년 9월 25일 통합하여 설립된 연맹이다. 2017년 7월 현재 소속 조합은 45개, 조합원 수는 49,060명이다. 여성조합원 수는 11,984명으로 전체 조합원의 약 24.4%이다. 공공노련의 주된 가맹조직은 공기업노조들이다.

통합 당시 한국전력공사 등 8개 조직의 노동조합과 유관기관인 KR산업 등 6개 조직의 노동조합, 총 14개 노동조합의 29,000여 조합원으로 출발하였고, 2013년에는 한국수산자원관리공단노동조합 등 4개 조합(조합원수: 2,676명)이 가입하였다. 이후, aT한국농수산식품유통공사노동조합, 한국중부발전노동조합, 한국광물자원공사노동조합, 한국서부발전노동조합, 대한무역투자진흥공사노동조합 등 17개 조합(조합원수 : 6,535명)이 연맹에 가입함으로써 출범 4년 만에 조직은 2배로 성장하였다. 이는 한국노조운동 전반이 낮은 조직률에 정체되어 있고 상급단체를 갖지 않는 중립노조, 미가맹 노조들이 증가 추세에 있는 가운데 이루어낸 성과라는 점을 고려한다면 상당히 **빠른** 증가속도이다(유병홍, 2016).

<표 5-13> 공공노련 조직 및 조합원 수

노동조합 명	조합원수			노동조합 명	조합원수		
	남	녀	계		남	녀	계
공공산업희망노조	430	20	450	한국산업기술평가관리원노조	107	44	151
한국마사회노조	603	130	733	고용노동부상담직노조	2	197	199
LH노조	1,558	373	1,931	aT한국농수산식품유통공사노조	322	183	505
KR산업노조	432	93	525	육군인사사령부노조	23	22	45
부산항만공사노조	106	44	150	한국중부발전노조	684	166	850
수자원기술(주)노조	498	15	513	한국광물자원공사노조	220	90	310
인천국제공항공사노조	681	215	896	우체국물류지원단전국노조	165	0	165
인천항만공사노조	122	23	145	대한체육회경기단체연합노조	46	12	58
전국전력노조	11,876	4,416	16,292	소상공인시장진흥공단노조	143	149	292

노동조합 명	조합원수			노동조합 명	조합원수		
	남	녀	계		남	녀	계
한국도로공사노조	3,575	507	4,082	전국우체국시설관리단조	205	135	340
한국도로공사현장직원노조	358	47	405	한국서부발전노조	916	195	1,111
한국마사회업무지원직노조	131	28	159	한국남동발전노조	1,176	249	1,425
한국산업기술진흥원노조	92	57	149	코레일유통노조	189	67	256
한국수자원공사노조	3,461	635	4,096	대한무역투자진흥공사노조	353	260	613
여수광양항만공사노조	67	10	77	서울주택도시공사통합노조	120	87	207
한국석유공사노조	719	227	946	국토연구원노조	19	1	20
한전KPS노조	3,848	143	3,991	한국도로공사톨게이트노조	10	490	500
울산항만공사노조	45	15	60	한국도로공사순찰원노조	602	0	602
한국수산자원관리공단노조	93	41	134	해양환경관리공단노조	339	41	380
한국어촌어항협회노조	66	2	68	한전KDN노조	1,656	152	1,808
한국마사회시간제경마직노조	0	1,967	1,967	한국남부발전노조	726	280	1,006
우체국금융개발원노조	207	121	328	육군체력단련장노조	77	23	100
				국립중앙청소년디딤센터노조	8	12	20
합 계	남(37,076), 여(11,984), 계(49,060)						

자료: 공공노련 내부자료(2017. 7)

공공노련의 4대 메이저 조직은 "전국전력노조(16,292명), 한국수자원공사(4,096명), 한국도로공사(4,082명), LH노조(1,931명)"이다. 규모가 큰 공기업노조가 많다보니 산별노조 논의는 상대적으로 정체되어 있는 상황이다. 한편 공공노련 소속 조직들은 "국토교통(SOC)분과(13), 농림축산식품해양수산분과(11), 산업통상지원분과

(13), 미래창조과학분과(3), 유관기관분과(3), 특별분과(8)" 등 분과위원회 활동을 하고 있다.

■ **전국금융산업노동조합**

1960년 7월 23일 4·19혁명에 따른 정치적 민주화 시기에 조흥은행, 상업은행, 제일은행, 한일은행, 서울은행 등 5개 시중은행 노조를 기반으로 전국은행노동조합연합회가 발족하였다. 하지만 5·16 군사쿠데타로 노조가 해산되었다가, 그 해 8월 19일 산업별 노조체제인 전국금융노동조합으로 재건되어 활동해 왔다. 1980년 말 신군부의 산업별 노조 해체로 1981년 2월 24일 기업별 노동조합 연합체인 전국금융노동조합연맹으로 개편되었다. 1997년 IMF 외환위기로 사상 초유의 은행 퇴출과 대량 해고에 대응하여 1998년 9월 금융노조는 총파업을 하였고, 기업별 노조의 한계를 극복하기 위해 2000년 3월 3일 한국 최대 산별노조인 전국금융산업노조로 재탄생하였다.

<표 5-14> 금융노조 산하 조직 현황(2017년 5월 현재)

지부	지부	지부
신한은행지부	경남은행지부	은행연합회/신용정보원지부
우리은행지부	광주은행지부	한국금융연수원지부
SC제일은행지부	전북은행지부	신협중앙회지부
KEB하나은행지부	제주은행지부	한국자금중개지부

지부	지부	지부
KB국민은행지부	NH농협지부	서울외국환중개지부
한국산업은행지부	수협중앙회지부	우리에프아이에스지부
기업은행지부	신용보증기금지부	한국금융안전지부
한국수출입은행지부	기술보증기금지부	산림조합중앙회지부
한국씨티은행지부	한국감정원지부	주택도시보증공사지부
대구은행지부	한국자산관리공사지부	한국기업데이터지부
부산은행지부	금융결제원지부	우리카드지부

금융노조는 2016년 12월 현재 33개 지부가 있으며, 조합원 수는 98,788명이다. 특기할 점은 2010년부터 여성조합원이 점점 증가하여 2016년 기준 여성 조합원 비중은 53.3%이다.

<표 5-15> 금융노조 조합원 수 추이

구 분	지부수	남성 조합원	여성 조합원	정규직	저임금직군	전체 조합원
2010년	34	52,018	48,330	87,957	12,391	100,348
2011년	34	50,538	42,706	86,226	8,448	93,244
2012년	36	49,938	48,895	85,586	13,247	98,833
2013년	37	49,658	52,332	86,256	15,734	101,990
2014년	36	50,782	50,559	89,608	11,733	101,341
2015년	35	45,936	52,934	80,166	18,704	98,870
2016년	34	46,130	52,658	90,440	8,348	98,788

자료: 금융노조 내부 자료(2017)

금융노조 산하 조직 중 공공기관노조는 총 8곳이며, 공공기관 유형은 아래와 같다(<표 5-16> 참조). 금융노조 중 공공기관노조 조합원 수는 기업은행지부가 9,754명으로 가장 많으며, 8곳의 조합원 총 수는 17,018명이며, 금융노조 전체 조합원 대비 비중은 약 17.0%이다.

<표 5-16> 금융노조 소속 공공기관노조 및 조합원 수

지부	형태	조합원 수(무기계약)
기업은행지부	기타공공기관	9,754명(3,481명)
산업은행지부	기타공공기관	2,352명(85명)
수출입은행지부	기타공공기관	757명(0명)
기술보증기금지부	준정부기관(기금관리형)	641명(84명)
신용보증기금지부	준정부기관(기금관리형)	1381명(0명)
한국자산관리공사지부	준정부기관	1103명(56명)
한국감정원지부	공기업(준시장형)	694명(34명)
주택도시보증공사지부	공기업(준시장형)	336명(0명)

② 민주노총

민주노총 소속 공공기관노조들의 대다수는 공공운수노조 소속이다. 보건의료분야의 보훈병원, 근로복지공단 직영병원(옛 한국산재의료원), 부산대 등 국립대병원 등은 보건의료노조 소속이다. 일부 공공기관노조와 비정규직노조들은 민간서비스연맹과 사무금융연맹 그리고 정보경제서비스연맹에 속해 있다.

■ 전국공공운수노동조합

2007년 공공연맹, 화물통준위, 민주택시, 민주버스의 통합으로 전국공공운수연맹(이하 공공운수연맹)이 출범한다. 공공운수연맹은 대산별노조로의 전환을 위해 2011년 공공운수노조를 출범하고 소산별노조와 기업노조의 전환을 추진해 왔다. 하지만 단기간의 조직 형식적 전환으로는 산별노조 건설이 어렵다는 판단 하에 2014년 연맹을 낮은 수준의 산별노조로 전환하고 공동투쟁-공동교섭의 활성화를 통해 산별노조를 완성하는 것으로 전략을 수정하였다. 이에 따라 공공운수연맹에 공공운수노조를 통합하여 전국공공운수노동조합(이하 공공운수노조)으로 조직을 변경한다. 공공운수노조의 조합원들은 철도, 지하철, 건강보험, 국민연금, 서울대병원 등 공공기관 및 학교비정규직(공무직)·인천공항비정규직 등 공공부문 비정규직, 버스, 화물연대 등 운수산업 노동자, 보육, 요양 등 사회서비스부문에서 일하는 노동자들이다.

<표 5-17>은 공공운수노조의 조직 현황 및 조합원 수이다. 공공운수노조의 공공기관노조는 '중앙공공기관, 지방공기업, 지방출자출연'으로 구분되는데 총 조합원 수는 100,405명이다. 세부적으로 보면 중앙공공기관(75,746명), 지방공기업(22,118명), 지방출자출연(2,541명)이다. 조합원을 고용형태별로 구분하면 정규직은 89,997명(89.6%)이고, 비정규직은 10,408명(10.4%)이다.

<표 5-17> 공공운수노조 조직 현황 및 조합원 수

구분	조합원수			유형별 고용형태 비중	
유형	계	정규직	비정규직	정규직	비정규직
공공기관(전체)	100,405	89,997	10,408	89.6%	10.4%
중앙공공기관	75,746	67,573	8,173	89.2%	10.8%
지방공기업	22,118	20,120	1,998	91.0%	9.0%
지방출자출연	2,541	2,304	237	90.7%	9.3%
중앙행정기관	1,283	500	783	39.0%	61.0%
지자체	7,583	1,471	6,112	19.4%	80.6%
국공립교육기관	27,823	20	27,803	0.1%	99.9%
그외 공공서비스	40,980	21,667	19,313	52.9%	47.1%
합계	178,074	113,655	64,419	63.8%	36.2%

자료: 공공운수노조 내부 자료(2017)

다음으로 공공운수노조의 조직 현황을 중앙 공공기관과 지방공공기관으로 구분하여 살펴보면 <표 5-18>, <표 5-19>와 같다. 먼저 공공운수노조의 중앙 공공기관노조는 공기업, 준정부기관, 기타 공공기관의 원청노조와 하청노조로 구분된다. 공기업의 원청노조는 11개 27,817명이고, 하청노조는 24개 4,752명이다. 준정부기관의 원청노조는 24개 24,072명이고, 하청노조는 7개 247명이다. 기타공공기관의 원청노조는 68개 17,289명이고, 하청노조는 24개 1,569명이다.

<표 5-18> 중앙 공공기관 세부 현황

구분		조직명(기관단위)	조직수 조합원
공기업	원청	한국공항공사노조, 한국가스공사지부, 한국발전산업노조 남동본부, 한국발전산업노조 남부본부, 한국발전산업노조 동서본부, 한국발전산업노조 서부본부, 한국발전산업노조 중부본부, 한국지역난방공사노조, 한국조폐공사노조, 전국철도노조, 한국관광공사노조	11개 27,817명
	하청	인천공항지역지부, 가스공사 인천비정규직지회, 경남지역지부 가스공사경남 비정규직지회, 경남지역지부 가스공사통영 비정규직지회, 대구경북지역지부 가스공사비정규지회, 발전HPS지부, 석유공사동해분회, 한수원비정규직지회, 대구경북지역지부 월성원자력지회, 경기지역지부 마사회경기지회, 광주전남지부 한국마사회지회, 대구경북지역지부 마사회분회, 부산경남경마공원노조, 부산지역지부 한국마사회지회, 서울경인공공서비스지부 한국마사회서울분회, 대전지역일반지부 수자원공사지회, 전국철도노조 부산지방본부 코레일관광개발 부산지부, 전국철도노조 서울지방본부 코레일관광개발지부(서울), 전국철도노조 서울지방본부 코레일관광개발지부(용산,익산), 대전지역일반지부 철도고객센터지회, 전국철도노조 코레일네트웍스지부, 대한석탄공사 도계광업소지부, 대한석탄공사 장성광업소지부, 대한석탄공사지부	24개 4,752명
준정부기관	원청	중소기업진흥공단지부, 공무원연금공단노조, 사립학교교직원연금공단지부, 영화진흥위원회노조, 한국문화예술위원회노조, 국민연금지부, 한국소비자원지부, 전국공공연구노조 산업기술평가관리원지부, 한국정보화진흥원노조, 전국공공연구노조 한국교육학술정보원지부, 전국공공연구노조 국토교통과학기술진흥원지부, 전국공공연구노조 농림수산식품기술기획평가원지부, 축산물안전관리인증원지부, 축산물품질평가원노조, 한국국토정보공사노조, 전국공공연구노조 시설안전공단지부, 한국철도시설공단노조, 한국콘텐츠진흥원지부, 국민건강보험노조, 한국보건복지인력개발원지부, 한국가스안전공사노조, 전국공공연구노조 한국방송통신전파진흥원분회, 전국공공연구노조 한국원자력안전기술원지부, 전국공공연구노조 한국청소년활동진흥원지부	24개 24,072명

구분		조직명(기관단위)	조직수 조합원
준정부기관	하청	근로복지공단 고용정보지부, 국민체육진흥공단비정규지부, 전북지역평등지부 국민연금공단청소경비분회, 전국우편지부 우체국물류지원단지회, 대전지역일반지부 정보통신산업진흥원지회, 전북지역평등지부 국토정보공사미화분회, 대전지역일반지부 한국에너지기술지회,	7개 247명
기타공공기관	원청	중소기업유통센터지부, 한국발명진흥회지부, 전국우편지부 우체국시설관리단지회, 한국고전번역원노조, 전국공공연구노조 한국학중앙연구원지부, 가축위생방역지원본부지부, 인천항보안공사지부, 전국공공연구노조 한국해양과학기술원지부, 신용보증재단중앙회노조, 수도권매립지관리공사노조, 정동극장노조, ㈜강원랜드노조, 공공문화예술체육지부 게임물관리위원회지회, 전국공공연구노조 대한장애인체육회지부, 공공문화예술체육지부 영상물등급위원회지회, 공공문화예술체육지부 한국공예디자인문화진흥원지회, 전국공공연구노조 한국문화관광연구원지부, 한국문화재재단지부, 전국공공연구노조 한국영상자료원지부, 의료연대본부 강원대병원분회, 의료연대본부 대구지역지부 경북대병원분회, 의료연대본부 대구지역지부 경북대치과병원분회, 의료연대본부 서울지역지부 서울대병원분회, 의료연대본부 제주지역지부 제주대학교병원, 의료연대본부 충북지역지부 충북대병원분회, 한국가스기술공사지부, 한국전력기술노조, 한전원자력연료노조, 전국공공연구노조 광주과학기술원지부, 전국공공연구노조 대구경북과학기술원지부, 전국공공연구노조 울산과학기술대학교지부, 전국공공연구노조 건설기술연구원지부, 전국공공연구노조 과학기술기획평가원지부, 전국공공연구노조 과학기술연구원지부, 전국공공연구노조 한국과학기술원지부, 전국공공연구노조 한국과학기술정보연구원지부, 전국공공연구노조 한국기계연구원지부, 전국공공연구노조 한국기초과학지원연구원지부, 전국공공연구노조 한국생명공학연구원지부, 전국공공연구노조 식품연구원지부, 전국공공연구노조 전기연구원지부, 한국전자통신연구원노조, 전국공공연구노조 한국표준과학연구원지부, 전국공공연구노조 한국한의학연구원지부, 전국공공연구노조 한국항공우주연구원지부, 전국공공연구노조	68개 17,289명

구분		조직명(기관단위)	조직수 조합원
기 타 공 공 기 관	원 청	한국화학연구원지부, 전국공공연구노조 과학기술정책연구원지부, 전국공공연구노조 국토연구원지부, 전국공공연구노조 산업연구원지부, 전국공공연구노조 에너지경제연구원지부, 전국공공연구노조 정보통신정책연구원지부, 전국공공연구노조 통일연구원지부, 전국공공연구노조 한국교육과정평가원지부, 전국공공연구노조 한국노동연구원지부, 전국공공연구노조 한국농촌경제연구원지부, 전국공공연구노조 한국보건사회연구원지부, 전국공공연구노조 한국여성정책연구원지부, 전국공공연구노조 한국조세재정연구원지부, 전국공공연구노조 한국직업능력개발원지부, 전국공공연구노조 한국환경정책평가연구원지부, 민주화운동기념사업회지부, 한국법무보호복지공단지부, 전국공공연구노조 선박해양플랜트연구소지부, 전국공공연구노조 국가수리과학연구소지부, 전국공공연구노조 국가핵융합연구소지부, 전국공공연구노조 극지연구소지부, 전국공공연구노조 재료연구소지부, 전국공공연구노조 건축도시공간연구소지부	68개 17,289명
	하 청	서울경인공공서비스지부 수출입은행분회, 대전지역일반지부 카이스트기숙사지회, 대전지역일반지부 카이스트시설지회, 대전지역일반지부 카이스트지회, 서울경인공공서비스지부 카이스트분회, 공공문화예술체육지부 정동극장 예술단지회, 강원랜드청년주민지회, 강원랜드협력업체노조, 의료연대본부 돌봄지부 강원간병분회, 의료연대본부 대구지역지부 민들레분회, 의료연대본부 돌봄지부 서울간병분회, 의료연대본부 서울지역지부 민들레분회, 의료연대본부 서울지역지부 식당분회, 의료연대본부 돌봄지부 충북지회 간병분회, 의료연대본부 충북지역지부 민들레분회, 한국가스기술공사비정규지부, 한전원자력연료비정규직지회, 경기지역지부 건설기술연구원비정규분회, 서울경인공공서비스지부 키스트분회, 전국공공연구노조 한국과학기술정보연구원 비정규지부, 한국기초과학지원연구원지회, 전국공공연구노조 한국원자력연구원 비정규지부, 대전지역일반지부 한의학지회, 대전지역일반지부 한국화학연구소지회	24개 1,569명

다음으로 공공운수노조의 지방 공공기관노조는 지방공기업, 지방출자출연기관의 원청노조와 하청노조로 구분된다. 지방공기업의 원청노조는 22개 21,765명이고, 하청노조는 4개 353명이다. 지방출자출연기관의 원청노조는 36개 2,513명이고, 하청노조는 1개 28명이다.

<표 5-19> 지방 공공기관 세부 현황

구분		조직명(기관단위)	조직수 조합원
지방공기업	원청	강원도개발공사지회, 경상북도관광공사노조, 경기지역지부 고양도시관리공사지회, 광주도시철도노조, 광주전남지부 광주도시철도공사지회, 강화군시설관리공단지회, 구리농수산물관리공사노조, 서울지역시설환경관리지부 금천시설관리공단지회, 남동구도시관리공단지부, 대구지하철노조, 대전도시공사노조, 서울지역시설환경관리지부 동작시설공단지회, 부산지하철노조, 5678서울도시철도노조, 서울지하철노조, 서울특별시시설관리공단노조, 서울특별시농수산식품공사노조, 서울지역시설환경관리지부 송파시설관리공단지회, 서울지역시설환경관리지부 양천시설공단지회, 경기지역지부 여주도시관리공단지회, 인천교통공사노조, 인천시시설관리공단지회	22개 21,765명
	하청	대구경북지역지부 대구지하철비정규지회, 대전지역일반지부 대전도시공사지회, 서울도시철도ENG노조, 서울시설관리공단지부	4개 353명
지방출자출연기관	원청	경남신용보증재단지회, 경기도문화의전당지부, 경기문화재단지부, 경기도경제과학진흥원지부, 경기지역지부 경기도청소년수련원분회, 경기지역지부 경기콘텐츠진흥원분회, 경기지역지부 고양문화재단분회, 경기지역지부 용인문화재단분회, 광주전남지부 광주복지재단지회, 부산신용보증재단지회, 서울시출자출연기관지부 서울관광마케팅지회, 서울시출자출연기관지부 서울디자인재단지회, 서울시출자출연기관지부 서울시복지재단지회, 서울시출자출연기관지부 서울시여성가족재단지회,	36개 2,513명

구분		조직명(기관단위)	조직수 조합원
지방출자출연기관	원청	세종문화회관지부, 세종문화회관지부 서울시립교향악단 단원지회, 세종문화회관지부 서울시립교향악단 사무국지회, 안산도시개발노조, 의료연대본부 서울지역지부 새서울의료원분회, 의료연대본부 제주지역지부 서귀포의료원, 의료연대본부 제주지역지부 제주의료원, 의료연대본부 포항의료원분회, 전국공공연구노조 경기도교육연구원지부, 전국공공연구노조 경북테크노파크지부, 전국공공연구노조 광주정보문화산업진흥원지부, 전국공공연구노조 광주테크노파크지부, 전국공공연구노조 대구경북연구원지부, 전국공공연구노조 대구테크노파크지부, 전국공공연구노조 대전경제통상진흥원지부, 전국공공연구노조 대전발전연구원지부, 전국공공연구노조 대전테크노파크지부, 전국공공연구노조 부산테크노파크지부, 전국공공연구노조 수원시정연구원지부, 전국공공연구노조 전남생물산업진흥원지부, 전국공공연구노조 전남테크노파크지부, 전국공공연구노조 충북발전연구원지부	
	하청	충북지역평등지부 청주의료원지회	1개 28명

<표 5-20>은 업종별, 유형별 중앙 공공기관노조의 세부 현황이다. 공공운수노조의 조합원 수는 국토농림해양이 29,662명으로 가장 많고 그 다음으로 보건의료노조 20,746명이다.

<표 5-20> 업종별, 유형별 중앙 공공기관 세부 현황

업종분류	공기업			준정부기관			기타공공기관			중앙공공기관		
	계	정규직	비정규직	계	정규직	비정규직	계	정규직	비정규직	계	정규직	비정규직
에너지자원	6,990	6,275	715	1,055	1,046	9	3,657	3,380	277	11,702	10,701	1,001
보건	0	0	0	15,569	15,551	18	5,177	4,471	706	20,746	20,022	724
노동복지환경	0	0	0	651	498	153	179	179	0	830	677	153
문화미디어관광	376	376	0	414	318	96	3,410	2,492	918	4,200	3,186	1,014

업종분류	공기업			준정부기관			기타공공기관			중앙공공기관		
	계	정규직	비정규직	계	정규직	비정규직	계	정규직	비정규직	계	정규직	비정규직
금융	0	0	0	0	0	0	30	30	0	30	30	0
국토농림해양	24,036	19,999	4,037	4,950	4,942	8	676	429	247	29,662	25,370	4,292
경제통상	1,167	1,167	0	873	873	0	140	108	32	2,180	2,148	32
연구소(인문)	0	0	0	0	0	0	701	693	8	701	693	8
연구소(과학)	0	0	0	311	311	0	3,937	3,764	173	4,248	4,075	173
기타	0	0	0	496	445	51	951	226	725	1,447	671	776
전체	32,569	27,817	4,752	24,319	23,984	335	18,858	15,772	3,086	75,746	67,573	8,173

자료: 공공운수노조 내부 자료(2017)

■ **보건의료노조**

보건의료산업 관련 노조는 민주노총 보건의료노조(48,000명), 민주노총 공공운수노조 소속 의료연대(9,200명), 한국노총 의료산업노조연맹(8,100명)으로 구분된다(유병홍, 2016). 보건의료노조의 조직 현황은 <표 5-21>과 같다.

<표 5-21> 보건의료노조 조직 현황

	소속	조직현황	조합원 수
전국보건의료산업노조	민주노총	11개 본부 175개 지부	48,000
의료연대본부	민주노총 공공운수노조	5개 지부	9,200
전국의료산업노조연맹	한국노총	11개 노조	8,100

자료: 유병홍(2016)

보건의료노조는 1987년 노동자대투쟁 당시 병원별로 기업별노조를 건설한 이후, 그 기업별노조들이 10여 년에 걸친 연대 및 공동투쟁을 통해 1998년 2월 대한민국에서 최초로 산별노조로 조직을 전환하였다.

보건의료노조는 국립중앙의료원, 국립대병원, 사립대병원, 지방의료원, 시립 공공병원, 대한적십자사(병원 및 혈액원, 헌혈센터), 보훈병원, 원자력의학원, 근로복지공단 직영병원, 대한산업보건협회, 민간 중소병원, 재활요양노인병원, 정신병원, 한방병원, 사회복지기관, 의료협동조합, 치과 병의원, 심리치유센터 등 한국을 대표하는 170여 개 의료기관에서 일하는 보건의료 노동자들로 구성되어 있다. 2017년 3월 현재, 조직현황을 보면 총 11개 본부, 168개 지부, 조합원 49,008명이다.

보건의료노조 소속 조직 중 공공기관에 해당하는 조직은 준정부기관인 '근로복지공단병원'과 '보훈병원', 기타공공기관인 국립중앙의료원, 국립대병원(서울대치과병원 등), 적십자사 등이다. 공공기관 소속 조합원 수는 14,536명으로 전체 조합원의 29.0%를 차지한다. 지방의료원까지 포함하면 전체 조합원 수는 19,350명이다.

<표 5-22> 보건의료노조 소속 공공기관 현황

	기관명	조합원 수
준정부기관	근로복지공단병원(동해, 정선, 태백, 경기요양, 안산, 순천, 대구, 대전, 창원, 울산, 인천)	2,078
	보훈복지의료공단(서울, 부산, 대전, 광주, 대구)	2,609

	기관명	조합원 수
기타 공공 기관	국립중앙의료원	78
	국립대병원[서울대치과병원(126), 충남대병원(1,185), 전북대병원(1304), 전남대병원(1728), 부산대병원(2,463), 부산대치과병원(39)]	6,845
	적십자사(강원적십자혈액원, 혈액관리본부, 혈액수혈연구원, 경기적십자기관, 광주전남혈액원, 대구경북적십자혈액원, 상주적십자혈액원, 대전세종충남혈액원, 중부혈액검사센터, 남부혈액검사센터, 적십자사부산기관, 남부혈액원, 동부혈액원, 서부혈액원, 서울적십자혈액원, 적십자인천혈액원, 중앙혈액검사센터, 거창적십자혈액원, 경남적십자혈액원, 울산적십자혈액원, 통영적십자혈액원, 전북혈액원, 충북적십자기관, 혈장분획센터)	2,001
	원자력의학원(651), 동남권원자력의학원(274)	925
계		13,611

3) 공공부문 산별체제 확립 과제

앞서 살펴본 공공기관노조의 조직 특성은 다음과 같이 요약할 수 있다.

첫째, 공공기관의 노조조직률은 높다. 민간부문 노조조직률이 10% 이하에 머물고 있는 반면 공공기관의 노조조직률은 70%에 육박한다. 높은 조직률은 기업 규모, 공통의 직무, 정부의 관료적 통제에 대한 반발 등으로 설명할 수 있다. 높은 노조조직률은 노조활동을 위한 물적 기반이 풍부함을 뜻한다. 다른 한편 높은 조직률은 공공부문과 민간부문의 격차를 가져오는 요인으로도 작용한다. 높은 조직률만큼의 노동조합의 공적 책임 및 역할이 요구된다.

둘째, 공공기관노조의 분산성이다. 공공기관노조들은 양대 노총으로 나누어져 있으며, 동일한 중앙조직 내에서도 조직이 분화된 양상을 보이고 있다. 한국노총 내 공공노련과 공공연맹은 조직대상이 거의 유사하지만 분열된 채 조직 통합을 이뤄내지 못하고 있다. 민주노총도 공공운수노조 내 의료연대와 보건의료노조 내 공공기관병원들은 2000년대 초 조직 분열 이후 연대활동과 공동행동은 거의 이루어지지 않고 있다. 조직의 분산성은 단체교섭 집중화에 결정적인 걸림돌이며, 산업정책 개입에 있어서 노조의 대표성 약화의 원인으로 작용한다. 분산성을 극복하기 위한 노동조합 간 연대 및 통합 작업이 가속화되어야 한다.

셋째, 기업별노조가 지배적이다. 사용자가 정부인 공공기관노사관계의 특성상 집중화된 교섭이 요구되지만 노조의 조직형태도 기업별노조체제에 머물러 있어 교섭 집중화에 걸림돌로 작용한다. 수년 간 산별노조 건설이 진전되지 못한 원인에 대한 보다 면밀한 검토가 필요하다. 산별노조로 전환하지 않은 상태에서 교섭구조를 집중하는 것은 교섭권 위임, 단체행동권 제약 등 다양한 노조 내 조직 갈등을 유발할 수 있다. 산별노조 건설을 위한 로드 맵 마련과 함께 상급단체로의 인적, 물적 역량의 점진적 이전을 추구해야 할 것이다.

넷째, 5개 조직 내 공공기관노조의 비중 편차이다. 전체 조직에서 공공기관노조 소속 조합원 비중을 보면 "① 공공노련(98%) >

② 공공연맹(59%) > ③ 공공운수노조(56%) > ④ 보건의료노조(29%) > ⑤ 금융노조(17%)"의 순이다. 조직 내 비중 차이에 따라 공공기관노조의 활동 및 영향력의 차이가 발생하고 있다. 또한 이들 비중은 공공기관의 집중화된 단체교섭구조를 설계할 때 기존의 '산별교섭' 구조와의 충돌 및 중복 논란을 어떻게 해결할 것인가의 문제를 제기한다. 특히 금융노조의 경우 기존 산별교섭과 새로운 집중화된 교섭 틀과의 충돌이 발생할 개연성이 높다.

다섯째, 공공기관 비정규직노조와의 관계 설정이다. 문재인 정부의 비정규직 제로화 정책은 공공기관노조의 조직체계 및 교섭구조에도 적잖은 영향을 미칠 것으로 보인다. 정규직화되는 비정규직 조직이 기존 정규직노조와 어떤 관계를 유지할 것인가 또는 어떤 관계를 확립할 것인가가 관건이다. 비정규직의 정규직 전환 과정에서 고용형태별 갈등을 최소화하는 노동조합의 능동적인 전략과 함께 동일노동·동일임금 실현 등 임금체계 개편 등이 주요 의제로 제기될 것이다.

이상의 논의를 종합하면 현재 공공기관노동조합은 풍부한 인적, 물적 역량은 단체교섭의 집중화를 꾀할 수 있는 강력한 토대이나, 분산된 공공기관노동조합 조직형태는 교섭구조 집중화의 걸림돌이 될 위험 요인이다. 공공기관노동조합들의 노정교섭(협의)체제는 기업별체제의 창조적 파괴의 속도와 비례하여 구축될 것으로 보인다.

공공부문의 노정교섭을 제대로 이루기 위해서는 공공부문 노조의 통합 및 산별화, 그리고 공공기관 전체를 교섭 및 참가단위로 묶는 방안에 대한 보다 세밀한 검토가 요구된다. 한국노총과 민주노총의 정치적 지향이나 운동노선의 차이로 두 전국단위 노조연합체간 공공부문 노조들의 통합 논의는 힘들다 할지라도 노조연합체 내의 공공부문 조직간 통합논의는 향후 노정교섭 방안의 모색과 함께 향후 피할 수 없는 조직 과제라 할 것이다. 공공부문 산별체제로의 전환과정에서 미조직 노동자와 비정규직에 대한 조직화 사업의 중요성은 여전히 남는다. 이들에 대한 정규직화와 처우 개선도 공공부문 노조들이 함께 고민해야 할 정책과제이다.

2. 노정교섭을 위한 법·제도적 조건의 정비

1) 「공공기관의 운영에 관한 법률」 개정

보수정부 10여 년 기간 동안 공공부문 노사관계는 갈등과 파행의 연속이었다. 이명박 정부의 '공공기관 선진화'와 박근혜 정부의 '공공기관 정상화' 정책은 단지 이름만 바뀌었을 뿐 경영평가 방법을 통한 공공기관에 대한 정치적 통제 기제라는 점에서는 조금도 다를 바가 없었다.[2] 이명박 정부의 핵심 업무의 민영화와 외주

---

2) 이명박 정부의 '공공기관 선진화' 정책은 공공기관의 경영평가를 노사관

위탁으로 공공부문 내 비정규직 및 간접 고용은 보다 확대되었으며 임금 및 근로조건에서의 차별도 심화되었다. 박근혜 정부는 공공기관의 정상화를 내세웠지만 정권 내내 공공기관의 복지 축소, 임금피크제, 성과연봉제 도입으로 공공기관과의 갈등만 키워오다 결국 파국을 맞게 되었다.

이 과정에서 「공공기관의 운영에 관한 법률」(공공기관운영법)과 공공기관의 자율·책임경영과 관련된 심의·의결기능을 위해 구성된 공공기관운영위원회(공운위)는 제대로 된 기능과 역할을 수행하지 못하였을 뿐만 아니라 기획재정부(기재부)의 거수기 역할로 잘못된 공공개혁 방향을 합리화시켜 주는 정책 결과만 낳았다는 강한 비판에 직면해 있다(김철, 2017; 박용석, 2017). 이와 같이 공운위가 자신의 본래 기능을 수행하지 못한 채 지난 보수정부 기간 내

계 선진화'(연봉제 도입, 노조 인사경영참여, 노조 지원, 복지 축소 관련 단체 협약 개정 등) 방안과 연계시킴으로써 핵심 업무의 민영화와 외주 위탁, 비정규직 및 간접고용 확대와 차별 심화 등이 가속화되는 결과를 낳았다. 박근혜 정부의 '공공기관 정상화' 정책은 초기 이명박 정부의 과도한 신자유주의 정책의 폐해를 고려하여 필수서비스 공기업 민영화 신중 추진, 공공기관 낙하산 지양 및 인사 개선, 공공기관 비정규직의 단계적 정규직화를 내세웠지만 그 내용을 들여다보면 이명박 정부와 큰 차이가 없었다. 박근혜 정부의 '공공기관 정상화' 정책 하에서도 철도공사의 수서 KTX 분할이 강행되었고 공공기관의 복지 축소(자녀대학학자금, 재해보상, 휴가), 임금피크제 도입(2015), 성과연봉제 도입(2016년) 등 기관 경영평가와 연계된 일방적인 공공기관에 대한 통제기제를 유지시켰다(박용석 2017).

내 공공기관의 정상적 운영을 가로막는 퇴행적 역할만 해왔다는 지적에 따라 공공기관운영법에 대한 개정의 필요성이 강하게 제기되고 있다. 여기에서는 향후 공공부문 노정교섭 제도화 방안과 관련한 공공기관운영법 주요 개정사항 및 내용을 중심으로 간략히 살펴보고자 한다.

(1) 공공기관운영위원회의 독립적 행정위원회 형태로의 개편

현행 공공기관운영법 하에서의 공운위는 기재부 장관이 위원장을 맡는 등 기재부의 독점적 지배구조로 타 정부위원의 공운위 참석이 매우 저조할 뿐만 아니라 기재부가 임명하는 민간위원 또한 전문성이 부족한 인사들로 구성되어 공공기관 운영의 합리성을 기대하기가 매우 어려운 실정이다(공공노련, 2016).

공공기관운영법 개정에서 가장 큰 쟁점은 '공공기관운영위원회의 설치'(제8조)와 '운영위원회의 구성'(제9조)과 관련된 조항이다. 현행 공공기관운영법 8조에는 기획재정부장관 소속하에 공공기관운영위원회(공운위)를 설치 운영하도록 규정하고 있다. 하지만 기획재정부 산하에 설치된 공운위의 역할은 그 동안 공공기관 운영 전반에 대한 민주적 논의 및 결정보다는 협소한 영역에서의 공공기관의 임금 및 근로조건에 관한 기재부의 방침을 확인하는 단순한 역할을 수행하는 데 그쳐 왔다는 비판이 거세다. 또한 공공기관운영법 제9조의 '운영위원회의 구성' 조항도 비판의 대상이 되고 있다. 제9조(운영위원회의 구성) 제1항에 따르면, 운영위원회는 위원장 1인 및 다음 각 호의 위원으로 구성하되, 기획재정부장관이 위원장이 된다(개정 2008.2.29 제8852호(정부조직법), 2013.3.23. 제11690호(정부조직법))고 규정하고 있다. 또한 4호에는 민간위원에 대한 규정으로 "공공기관의 운영과 경영관리에 관하여 학식과 경험이 풍부하고 중립적인 사람으로서 법조계·경제계·언론계·학계 및 노동계 등 다양한 분야에서 기획재정부장관의 추천으로 대통령이 위촉하는 11인 이내의 사람"으로 명시되어 있다. 하지만 운영위원회의 구성에 있어서 민간위원, 특히 노동계 민간위원 자격으로 정부가 '**중립적인** 사람'로 규정한 것은 공공기관 노조 대표의 운영위원 참여를 배제하기 위한 것이라는 지적이 제기되고 있다. 당시 정부산하기관운영위원회 제3조 3항에 따라 민주노총 대표가 운영위원으로 참여하면서 정부산하기관 경영평가기준, 예산지침, 기능조정 방안 등에 대해 기획예산처의 일방적 운영이 쉽지 않자 정부는 공운법 최종의결 과정에서 제1항 4호에 '중립적인 사람'이라는 내용을 포함시킴으로써 공공기관노조 관계자의 참여를 배제시키려 하였다(박용석 2017).

따라서 향후 공공기관운영법 개정시 현재 기획재정부 장관 소속하에 두고 있는 공공기관운영위원회(공운위)의 경우 기관의 독립성과 전문성을 확보하기 위해서라도 소속을 현재의 기획재정부가 아닌 국무총리 직속의 독립 행정위원회 형태로 두는 방향을 적극 검토해야 한다. 또한 공운위의 구성도 공공기관이 사회 전체에 미치는 영향이 매우 크기 때문에 사회의 주요 이해당사자와 그 대표가 참여할 수 있는 방향으로 새로운 조항을 신설하는 방향으로 개정되어야 한다. 예컨대 공운위법 개정시 제9조 4항에 있는 '중립적' 표현을 삭제하고 대신 신설 조항의 하나로 노동계 및 시민사회단체의 대표가 민간위원으로 참여할 수 있도록 법률에 명시할 필요가 있다. 이와 함께 현재 기획재정부 장관의 추천으로 대통령이 임명하는 민간위원을 방송통신위원회와 원자력안전위원회 경우처럼 국회에서 추천하여 대통령이 임명하는 방식도 검토해 볼 필요가 있다.

(2) 공공기관운영위원회 산하 소위원회 구성과 투명성 확보

공공기관운영법 제10조의 '운영위원회 회의'조항도 개정이 요구된다. 현행 운영위원회의 회의는 위원장을 포함하여 20인 이내의 위원으로 구성되어 운영된다. 이와 관련하여 운영위원회의 효율적 운영을 위해 운영위원회 위원의 일부로 구성되는 소위원회를 두되 구성과 운영에 관해 필요한 사항은 운영위원회의 의결을 거쳐 위원장이 정하도록 할 필요가 있다. 예컨대 공공기관운영위원회 산하에 특성별 또는 업종별로 소위원회를 두어 운영할 수 있도록 하고, 필요시 소위원회와 별도로 산하 '임금근로조건 위원회'와 같은 기구도 설치할 수 있도록 법·제도적 장치를 보완해 나갈 필요가 있다.

또한 필요하다고 판단 시 '공공기관 사회적 대화기구'를 공공기관운영위원회 조직과 별도로 구성하는 방안도 검토해 볼 수 있다. 한편 운영위원회의 회의는 공개를 원칙으로 하고 회의 시 심의·

의결한 내용을 포함한 회의록을 작성·보전되도록 하고 이를 공개하도록 하는 조항을 신설하도록 함으로써 공공기관운영위원회 운영과정에서의 민주적 절차 및 투명성을 확보하는 방안도 강구해야 한다.

(3) 공공기관 기능조정 및 혁신: 공공부문 사회적 대화기구의 활용

공공기관운영법 제14조(공공기관에 대한 기능조정 등)와 제15조(공공기관의 혁신) 조항도 개정되어야 한다. 현행 제14조에는 "기획재정부장관은 주무기관의 장과 협의한 후 운영위원회의 심의·의결을 거쳐, 기관 통폐합·기능 재조정 및 민영화 등에 관한 계획을 수립"하고 "수립된 계획을 국회 소관 상임위원회에 보고"하도록 하고 있다.

하지만 이 경우 계획단계에서부터 공청회를 통한 의견 수렴을 반드시 거치도록 하고 "기관 고유 목적사업의 민간개방, 기관의 기업공개 또는 정부 지분의 매각 등에 관한 사항이 포함된 경우"에는 반드시 국회의 동의를 거치도록 관련 법조항을 개정할 필요가 있다. 또한 공공기관을 기능 조정할 경우 해당 공공기관에 소속되거나 소속되었던 노동자의 고용을 보장하도록 관련 조항을 신설할 필요가 있다.

또한 제15조(공공기관의 혁신)의 경우도 "경영효율성 제고 및 공공서비스 품질 개선을 위하여 지속적인 경영혁신을 추진"하여야 한다는 조항 대신 "공공성 보장, 민주성·투명성 제고 및 공공서비스 품질 개선"을 지속적인 경영혁신의 원칙의 하나로 명시할 필요가 있다. 특히 공공기관의 기능조정 과정에서 기관 통폐합·기능 재조정 및 민영화로 사회적 영향이 큰 경우 반드시 공공부문 사회적 대화기구에서의 공론화 과정을 거쳐 시행되도록 하는 법·제도 장치도 모색되어야 한다.

(4) 공공기관 인사추천위원회 강화 및 노동이사제 도입

공공기관운영법 개정 시 공공기관의 임원에 대한 낙하산 방지 및 경영참여 방안 관련 조항이 신설되어야 한다. 이를 위해 공공기관운영법 개정 시 공기업, 준정부기관, 기타 공공기관의 임원의 임면(제24~27조)과 관련하여 공공기관의 공공성 및 인사와 경영에 대한 투명성을 확보하기 위해 공기업과 준정부기관의 비상임이사의 경우 반드시 근로자의 과반수 이상을 대표하는 노동자 대표 및 시민단체의 추천을 받은 사람이 각각 1인 이상 포함될 수 있도록 관련 조항을 신설할 필요가 있다. 또한 공운법(29~30조)에서는 모든 공기업, 준정부기관에 임원추천위원회 구성이 제도화되어 있다. 이 경우 이사회가 선임하는 임원추천위원회 위원은 반드시 노동자 대표 및 시민단체의 추천을 받은 사람이 각각 1인 이상 포함되도록 하는 조항도 신설해야 한다. 또한 임원추천위원회는 제30조(임원후보자 추천기준 등)에 따라 임원 후보자를 추천하는 경우 2배수 내지 3배수로 임원후보자를 선정하여 우선순위를 두어 추천하도록 관련 조항을 신설할 필요가 있다. 현재는 공운법 시행과 함께 발

표된 '공기업·준정부기관 인사운영지침'에 따라 3~5배 추천이 규정되어 있어 대부분의 공기업 및 준 정부기관 기관장의 경우 4~5배 추천이 관례화되어 사실상 추천의 실효성이 없고 무 순위 추천으로 인해 결국 임명권자의 의중이 반영됨으로써 임원추천위원회 제도의 실효성이 없다는 비판이 강하게 제기되고 있다(박용석, 2017).

(5) 공공기관 운영 및 예산 관련 조항 개정

공공기관운영법 개정 시 예산의 편성(제40조), 경영실적 평가(제48조), 경영지침(제50조)에 대한 관련 조항도 새롭게 개정할 필요가 있다. 예컨대 제48조(경영실적 평가) 5항의 경영실적의 평가 기준과 방법은 새 정부 들어 공공기관의 성과연봉제 도입을 전면 재검토하기로 한 만큼 기존의 "합리적인 성과급 지급제도 운영" 등과 같은 관련 세부 조항을 개정할 필요가 있다. 특히 공공기관의 경영평가는 민간기업과 달리 기관의 경쟁력 제고와 대국민 서비스 질 향상에 있으므로 공공기관의 사회적 책임과 공공성 지표가 새롭게 추가로 되어야 할 것이다(예, 새로운 좋은 일자리 창출 등).

또한 제48조 9항의 "경영실적 평가 결과 인건비 과다 편성 및 제50조 제1항에 따른 경영지침 위반으로 경영부실을 초래한 공기업·준정부 기관"이라고 하더라도 "인사상 또는 예산상의 조치 등을 취할 때에는 그 조치가 해당 기업·준정부기관" 직원의 근로조건에 영향을 미치는 경우「근로기준법」,「노동조합 및 노동관계조정법」(제10조 2항) 등에서 정한 절차를 거치도록 해야 한다는 조항을 신설해야 한다. 특히 제48조 제1항에 따른 경영실적 평가의 효율적 수행과 운영실적에 대한 객관적 평가를 위해 '공기업·준정부기관 운영평가단'을 구성·운영할 수 있도록 관련 조항(제48조 제2항 운영평가단 구성 등)을 신설해야 한다.

한편 현재 공공기관에 통일적으로 적용되고 있는 기재부의 예산편성지침(2008.10)은 공공기관의 임금예산집행을 크게 제한하고 있을 뿐만 아니라 이들 기관의 예산편성 전체를 정부의 관리통제 범위 하에 묶어두고 있다.

이러한 문제점을 해결하기 위해서는 공공기관운영법 개정시 임금에 대한 가이드라인을 결정하는 '임금·근로조건 연구회'를 공공기관운영위원회 산하에 구성하는 방안을 모색하되, '임금·근로조건 연구회'에서 제시된 임금안에 대한 노사간 교섭 과정을 공식화하고 예산·재정 기구와 주무 감독기관이 옵저버로 참여하는 교섭단 구성을 법제화함으로써 교섭단 단위에서의 교섭 절차·시기 등을 구체화해 나가는 방안도 검토해 볼 필요가 있다(김진 2017).

2) 노동기본권 확보를 위한 ILO 핵심 협약 및 제151호 비준

공공부문 노정교섭을 위한 법·제도 개선방안과 관련하여 ILO 핵심협약의 비준도 매우 중요한 의미를 갖는다. 국제노동기구(ILO)는 1998년 6월 총회에서 "노동에 있어서 기본적인 원칙과 권리에 관한 선언"(Declaration on Fundamental Principles and Rights at Work)을 채택하였다.

이에 따라 ILO는 결사의 자유 및 단체교섭권의 실질적인 보장에 관한 2개 협약을 비롯하여 모두 8개 협약을 모든 회원국이 존중하고 촉진하고 실현해야 할 기본협약으로 선언하고 있다. 1991년 ILO에 가입한 한국은 현재 8개의 기본협약 가운데 차별과 아동노동의 폐지에 관한 4개 협약을 비준하였지만 '결사의 자유 및 단결권 보호 협약'(제87호, 1948년), '단결권 및 단체교섭 협약'(제98호, 1949년) 등 핵심조약은 아직 비준하지 않은 상태이다.3)

이 같은 핵심조약의 비준은 단순히 ILO와 개별 국가간 서명에 머무르지 않는다. 하나의 개별 국가가 핵심협약을 비준하고 서명할 시에는 관련 핵심 협약이 실효적으로 작용할 수 있도록 모든 관련 법적 제도적 조치를 취해야 하기 때문이다(이상헌 2017).

예컨대 ILO 핵심조약 중 비준하지 않은 '결사의 자유와 단결권 보호에 관한 협약'(제87호)과 '단결권 및 단체교섭 협약'(제98호)은 행정당국에 의한 노조해산이나 노조활동 중지 금지 및 노조활동에 따른 차별 금지, 그리고 자발적인 단체교섭을 보장할 수 있도록

---

3) 현재 8개의 핵심 기본협약 가운데 한국 정부가 비준·가입한 4개 협약은 '균등 보수 협약'(제100호), '고용 및 직업상의 차별에 관한 협약'(제111호), '최저 연령 협약'(제138호), '가혹한 형태의 아동노동 철폐 협약'(제182호)이며, 비준하지 않고 있는 4개 협약에는 '결사의 자유 및 단결권 보호 협약'(제87호, 1948년), '단결권 및 단체교섭 협약'(제98호, 1949년), '강제노동 협약'(제29호)과 '강제노동 철폐 협약'(제105호) 등이 있다.

관련 노동조합법과 근로기준법 등을 개정해야 할 뿐만 아니라 더 나아가 노조가 파업할 경우 현행 업무방해죄, 폭행죄 등으로 노조 간부들을 억압하거나 구속했던 형법 조항도 바꾸지 않으면 안 된다.

따라서 만약 ILO협약 제87호와 제98호가 비준된다면 2013년 10월 박근혜 정부가 전교조 해직자의 노조원 신분을 이유로 법외노조로 통보한 전국교직원노동조합(전교조)과 2010년 2월 노조설립 신고서를 제출한 이후 현재까지 5차례나 노조설립 신고서를 반려한 전국공무원노동조합(전공노)의 경우도 자연스럽게 합법화라는 해법을 찾을 수 있을 것으로 기대된다.

공공부문 노사관계와 관련하여 ILO 협약 제151호에 대한 비준도 문재인 정부 하에서 이루어야 할 정책과제라고 할 수 있다. '공공부문에서의 단결권 보호 및 고용조건 결정을 위한 절차에 관한 협약'(제151호 협약, 1978년)은 많은 ILO 회원국가에서 공공부문 활동이 광범위하게 확대됨에 따라 공공기관과 공공노조 단체 사이의 공정한 노사관계의 필요성이 제기됨에 따라 공공부문에서의 결사의 자유 및 고용조건을 결정하기 위한 절차에 관한 내용을 담고 있다.

특히 제151호 협약은 기존의 '결사의 자유 및 단결권 보호 협약'(제87호)과 '단결권 및 단체교섭 협약'(제98호)이 다수의 회원 국가에서 공공부문 근로자에 대한 적용을 예외로 하고 있기 때문에 발생하는 국제노동기준의 적용 및 해석상의 문제를 해결하기 위한 것이라고 할 수 있다.

공공부문의 노사관계를 규정하고 있는 제151호 협약은 적용범위 및 정의(제1절), 공공부문 노동자의 단결권 보호(제2절), 공공부문 노동자단체에 제공되는 편의(제3절), 공공기관 및 공공부문 노동자단체 사이의 고용조건의 교섭을 위한 절차(제4절), 고용조건의 결정과 관련하여 발생하는 분쟁의 해결(제5절), 그리고 공공부문 노동자의 시민적·정치적 권리(제6절) 등의 내용을 담고 있다.

ILO 제151호 협약은 적용범위에 대한 규정에서 "ILO협약에 유리한 규정이 적용되지 않는 한 공공기관에 고용된 모든 근로자에게 적용"(제1조)하며, "구성 여하를 막론하고 공공부문 노동자의 이익을 증진·옹호하는 것을 목적으로 하는 모든 단체"를 '공공부문 노동자단체'로 규정하고 있다(제3조). 또한 제151호 협약은 "공공부문 노동자는 고용에 관한 반 조합적 차별 대우로부터 충분한 보호를 받아야 한다"(제4조)는 점과 "공공부문 노동자단체의 공공기관으로부터의 완전한 독립을 보장받아야 한다(제5조)"는 점을 명시하고 있다.

이에 따라 노동자단체 가입과 탈퇴를 고용조건으로 하는 행위, 공공부문 노동자단체 조합원 가입 또는 조합 활동을 이유로 해고하거나 불리한 대우를 하는 행위를 금지하고 있다(제4조 2항). 또한 "공공부문 노동자단체는 그 설립·활동·운영에 관하여 공공기관의 간섭으로부터 충분한 보호를 받아야 한다"는 점도 강조하고 있다(제5조 2항). 이와 함께 협약에서는 사측에게 "승인된 공공부문 노동자단체의 대표자가 근무시간 중이나 근무시간 외에 그 업무를 신속하고 효율적으로 수행할 수 있도록 적절한 편의가 제공"되도록 요구하고 있다(제6조).

ILO협약 제151호에서는 공공기관과 공공부문 노동자단체 사이에 고용조건의 교섭을 위한 절차 또는 고용조건의 결정에 대하여 공공부문 노동자대표의 참여를 가능하게 하는 방안의 충분한 개발과 이용을 장려·촉진하기 위하여 필요한 경우 국내 사정에 적합한 조치를 취하도록 요구하고 있다(제7조). 또한 고용조건의 결정과 관련하여 발행하는 분쟁은 당사자 간의 교섭 또는 알선·조정·중재 등 당사자의 신뢰를 확보할 수 있는 방법으로 설정된 절차를 통하여 국내 사정에 적합한 방법으로 해결을 도모하도록 규정하고 있다(제8조). 따라서 ILO 제151호 협약에 대한 비준은 공공부문의 노사관계에 대한 사회적 인식 변화와 정책 지평을 확대할 수 있는 효과를 낳을 수 있을 것으로 기대된다.

3) 「공공기관의 단체교섭에 관한 법률」의 제정

공공기관 노정교섭을 제도화할 수 방안의 하나로 (가칭)「공공기관의 단체교섭에 관한 법률」 제정도 새롭게 검토해 볼 필요가 있다(김기우 외 2017). 김기우 외(2017)는 최근 발표된 연구보고서에서 공공부문의 조직적 발전에도 불구하고 개인 기관별 노조가 갖는 한계와 「공공기관의 운영에 관한 법률」(공운기관운영법, 2007.4. 시행)의 제약 요인, 그리고 정부의 공공기관 경영평가 지침 등으로 공공부문 노동조합이 다른 부문의 노동조합이나 연합단체에 비해 그 사회적 영향력을 제대로 인정받지 못하고 있다고 비판하고 초기업 단위 단체교섭을 염두에 둔 '공공기관의 단체교섭에 관한 법률' 제정의 필요성을 제기하고 있다.

「공공기관의 단체교섭에 관한 법률」은 ILO의 '단체교섭 촉진에 관한 협약'(제154호, 1981년)에서 법적 근거를 찾을 수 있다. ILO 제154호 협약에서는 자유롭고 임의적인 단체교섭을 촉진하기 위해 단체교섭의 촉진에 관한 제안을 채택하고 있다.[4] 특히 동 협약에서는 "공공부문에 대하여서는 이 협약의 적용을 위한 특별한 형식을 국내법령 및 국내관행으로 정할 수 있다"(제1조 3항)고 규정하고 있다. 하지만 「공공기관의 단체교섭에 관한 법률」 제정 논의는 현재 시행되고 있는 「공공기관의 운영에 관한 법률」(공공기관운영법)과의 관계, 그리고 공공기관운영법 관련 개정 논의를 동시에 고려하여 이루어져야 할 것이다.

초기업별 노동조합 조직체계를 기반으로 한 교섭체계를 논의하기 위해서는 두 가지 점이 전제되어야 한다. 하나는 공공기관의 산별노조체계로의 전환을 어떻게 이끌어 나갈 것인가 하는 문제이고, 다른 하나는 중앙정부의 사용자성 또는 단체 교섭 당사자성의 문제를 어떻게 해결할 것인가 하는 문제이다.

---

4) 여기서 "단체교섭이라 함은… 개별사용자, 다수의 사용자단체 또는 하나 혹은 둘 이상의 사용자단체를 일방 당사자로 하고, 하나 또는 둘 이상의 노동자단체를 다른 당사자로 하여 양 당사자 사이에 이루어지는 모든 교섭"으로 규정하고 있다(김기우 외 2017).

현재 공공기관의 운영과 교섭현실은 한마디로 '통제의 중앙집중화와 분권화된 기관별 교섭'이라고 할 수 있다(김기우 외 2017: 16). 실질적 결정권을 갖고 있는 중앙정부가 단체교섭의 당사자에서 제외되어 있는 상태에서 기관별 교섭 체계와 획일적인 정부의 통제는 기관별 눈치 보기, 교섭의 지연 등 교섭비용을 증가시키는 요인이 되고 있다.

반면 조정되지 않은 분권화(disorganized decentralization) 교섭은 기관별, 고용형태별 임금 및 근로조건의 격차를 확대시키는 결과를 낳고 있다(박태주 2001). 따라서 공공부문의 단체교섭이 실효성을 갖기 위해서는 교섭의 집중화와 초기업별 교섭체계, 즉 산별교섭체계가 전제되지 않으면 안 된다.

또한 후자와 관련하여 공공기관 노동조합은 교섭상의 중앙정부의 사용자성을 인정하고 당사자로 나설 것을 요구하고 있지만 이를 이끌어내기가 현실적으로 쉽지 않을 뿐만 아니라 정부는 지금처럼 개별 공공기관에 교섭 당사자의 지위를 국한하려 하고 있다.

따라서 '공공기관의 단체교섭에 관한 법률' 제정 시 정부의 직접적 사용자성과 대표성을 대리할 수 있는 사용자단체를 어떻게 구성할 것인가 하는 문제는 여전히 남게 된다.

이와 관련하여 「노동조합법 및 노사관계조정법」 등에 집단교섭을 요구받는 사용자들로 하여금 사용자단체 구성을 의무화하는 방안도 검토해볼 필요가 있다. 이 경우 만약 정당한 사유 없이 사용자단체 구성을 거부하면 단체교섭 거부에 따른 부당노동행위에 해당할 수 있다.

만약 노동위원회가 교섭단위 결정을 한 사업장 내에서만 하는 것으로 국한하지 않고 노동조합이 집단교섭을 제안할 경우 초기업 단위로 단일 교섭단위를 결정할 경우 이러한 결정을 토대로 사용자단체 구성을 의무화하는 방안도 검토해 볼 수 있다. 공공부문 산별 단체협약으로 정할 경우 정부가 사용자들에게 사용자단체를 구성하도록 강력하게 지도하거나 적극적 역할을 수행할 수도 있다(김선수 2017).

이밖에 「공공부문의 단체교섭에 관한 법률」에는 교섭대상과 교섭시기, 협약의 구속력, 단체협약과 기타 법령과의 관계, 공공기관의 부당한 간섭으로부터의 보호 등에 관한 조항이 포함될 수 있을 것이다(김기우 외 2017).

한편 「공공기관의 단체교섭에 관한 법률」 제정 논의 시 「공무원 노동조합 설립 및 운영 등에 관한 법」(공무원노조법)과 「교원의 노동조합 설립 및 운영에 관한 법」(교원노조법)에 적용을 받고 있는 6급 이하의 공무원과 교원은 그 적용 범위에서 제외되어야 할 것이다(김기우 외 2017). 교원이나 공무원노조 조합원의 경우 이미 정부를 상대로 한 집단교섭의 경험을 갖고 있기 때문에 자신들을 「공공기관의 단체교섭에 관한 법률」 적용 대상으로 고려하지 않을 가능성이 크다.

4) 공공부문 단체협약의 효력 확장

공공부문의 초기업별 단체교섭 또는 집단교섭에서 따르는 문제의 하나는 향후 단체 협약 또는 집단교섭에 따른 합의의 이행과 관련하여 미참여 노조를 어떻게 할 것인가 하는 점이다. 일반적으로 교섭 결과에 대한 수용 여부는 개별노조에서 조합원 찬반투표를 거쳐 이루어져 왔다. 이 경우 노정교섭의 합의 결과를 두고 일부 단위노조 또는 산별노조 차원에서 통과되고 다른 일부 노조단위에서는 부결된다면 이를 어떻게 할 것인가 하는 문제는 여전히 남는다.

산별연맹체에서는 개별노조가 교섭권 위임을 거부하고 불참하는 일도 벌어질 수 있다. 이는 노조의 대표성 문제로도 이어질 수 있다. 교섭에 참가했지만 합의안이 단위노조 조합원 찬반투표에서 부결되는 경우도 발생할 수 있다. 물론 노정교섭 합의안의 부결은 산별노조 차원에서도 발생할 수도 있다. 이러한 문제는 결국 공공부문 단체협약의 체결과 효력의 문제와 맞닿아 있다.

단체협약의 효력 문제와 관련하여 노동법 학계에서는 '유리한 조건 우선의 원칙'(유리성의 원칙)과 '상급협약 우선의 원칙'이 제기되고 있다. 김선수(2017)에 따르면, 우리의 경우 노조 조직 및 교섭구조의 집중화를 추구하는 단계이므로 '상급협약 우선의 원칙'을 적용하는 것이 바람직하다고 주장한다. 하지만 상급협약이 하급협약보다 우선한다는 것을 단체협약 속에 명시적으로 규정하지 않는다면 유리성의 원칙이 적용될 가능성이 높다. 따라서 단체협약 속에 상급협약이 하급협약에 우선한다는 명시적 규정을 두되, 상급협약에서 범위를 정하여 하급협약에 위임하는 것이 가능하도록 유연하게 운영할 필요가 있다(김선수 2017).

또한 현행 노동조합법상 단체협약 효력과 관련한 조항으로서는 '일반적 구속력'(노조법 제35조)과 '지역적 구속력'(제36조)이 있다.5) 하지만 현재 노동조합법에서 전체 공공기관에 해당되는 단체협약 효력에 대한 구속력 및 확장에 대한 조항은 없다.

이에 따라 정부가 노동조합법을 통해 불참 노조나 합의사항에 대한 부결 노조에 대해 통일 단체협약을 적용할 수 있는 방법은 없다. 정부가 행정지침을 발동하더라도 기존 단체협약을 고치게 할 수 있는 방법이 없기 때문이다. 따라서 지역, 업종, 산업, 전국 단위 등에서 초기업 단체협약의 효력확장 제도의 도입이 필요하

---

5) 노조법 제35조(일반적 구속력) 하나의 사업 또는 사업장에 상시 사용되는 동종의 근로자 반수 이상이 하나의 단체협약의 적용을 받게 된 때에는 당해 사업 또는 사업장에 사용되는 다른 동종의 근로자에 대해서도 당해 단체 협약이 적용된다. 제36조(지역적 구속력) ① 하나의 지역에 있어서 종업하는 동종의 근로자 3분의 2 이상이 하나의 단체협약의 적용을 받게 된 때에는 행정관청은 당해 단체협약의 당사자의 쌍방 또는 일방의 신청에 의하거나 그 직권으로 노동위원회의 의결을 얻어 당해 지역에서 종업하는 다른 동종의 근로자와 그 사용자에 대하여도 당해 단체협약을 적용한다는 결정을 할 수 있다. ② 행정관청이 제1항의 규정에 의한 결정을 한 때에는 지체 없이 이를 공고하여야 한다. <개정 1998.2.20.>

다.6) 예컨대 단체협약의 효력확장 요건을 보다 완화하고 고용노동부장권이 노동위원회의 결정을 거쳐 효력 확장을 결정할 수 있도록 관련 법·제도를 개정할 필요가 있다(김선수 2017). 이러한 경우 단체협약상의 규정은 이전에 단체협약이 적용되지 않던 단체협약의 적용범위 내에 있는 사용자와 근로자에 대해서도 효력을 미치게 될 수 있다. 따라서 공공부문 단체협약의 효력 및 효력 확장을 위해서 노동조합법 상의 단체교섭 및 단체협약 조항에 대한 법 개정을 적극 검토해 나갈 필요가 있다.

5) 기타 사항

일반적으로 단체교섭권과 단체행동권은 노조를 노조답게 만드는 핵심적 장치라고 할 수 있다. 하지만 현재 공공부문의 단체교섭권과 단체행동권은 거의 무용지물에 가깝다고 할 수 있다. 임금

---

6) 독일의 단체협약법은 단체협력 효력 확장과 관련한 규정을 두고 있다. 예컨대 독일의 단체협약법 제5조 1항은 "① 협약의 적용을 받는 사용자가 협약의 적용범위 내에 있는 노동자의 100분의 50 이상을 고용하고 있고, ② 공공의 이익을 위해 일반적 효력이 요구되는 것으로 판단되는 경우"라는 두 가지 요건이 존재하고, "단체협약 당사자의 신청이 있는 경우에 연방 노동사회부는 사용자의 연합단체를 대표하는 자 및 노동자의 연합단체를 대표하는 자 각 3명으로 구성된 위원회의 동의를 얻어 단체협약의 일반적 효력을 선언"할 수 있도록 규정하고 있다(김기우 외 2017).

교섭권의 박탈, 단체협약의 해지와 시정 권고 등으로 공공부문의 단체교섭권은 제대로 작동하지 않고 있다. 공공부문의 단체행동권도 필수유지 업무조항에 발목이 잡혀 있는 실정이다.

실제로도 정부는 공공부문 교섭의 집중화와 교섭 단위의 대규모화는 노정갈등의 대규모화와 장기화를 가져올지도 모른다는 우려를 갖고 있다. 이는 정부가 노정교섭이나 집단교섭을 거부하는 명분이 될 수 있다. 더욱이 노정협의 차원에서 단체행동권을 행사할 수 있는 방법은 원칙적으로 없다. 이러한 점에서 공공운수노조 등 노동계의 우려는 정당하다. 그러나 명시적으로 '노정협의'의 차원에서 단체행동권을 보장할 수는 없다는 것은 분명하다. 공공부문 노정협의나 집단교섭과정에서 조정과 중재의 역할을 강조하는 이유도 여기에 있다.

따라서 영국과 같이 공공부문 임금연구회가 임금인상 권고안을 내는 것도 합의 성공의 가능성을 높이기 위한 조치라고 할 수 있다. 원칙적으로 공공부문 노동단체들이 정부와의 정책 협의를 수용한다면 거기에는 단체행동권의 포기가 전제된다. 이와 관련하여 공공기관 사회적 대화기구 구성 시 공공부문 내부에 '공공부문 임금연구회'가 설치된다면 이에 대한 최소한의 관련 법 개정(공공기관운영법, 노사정위원회법 등)이 필요할 것으로 보인다. 하지만 공공부문 임금인상을 위해 필요시 법 개정 이전이라도 제한적으로 공공기관운영위원회 산하에 임금·근로조건 위원회의 설치·운영이 가능하며, 공공부문 임금인상안에 대한 논의 결과를 공공기관운영위원회에 통지하는 방식을 취할 수 있다.

6
공공부문 노정교섭 사례 분석

제6장 | 공공부문 노정교섭 사례 분석

1. 서울시 투자기관 성과연봉제 집단교섭 사례

2016년 서울시 투자기관 성과연봉제 집단교섭 사례는 중앙정부의 「지방공기업 성과연봉제 권고안(2016. 05. 12)」에 맞서 서울시 5개 투자기관노조들이 사측과 집단교섭을 통해 성과연봉제를 저지하는 내용의 노사합의에 이르고 최종적으로는 「집단교섭 합의에 따른 서울시 노사정합의(2016. 10. 10)」까지 도출한 사례1)이다. 이

---

1) 이 사례에 대해서는 "유병홍·이정봉·허인(2017), 지방공공기관 노사관계 발전방안 – 주요 지방자치단체의 공공기관 사례 비교를 중심으로, 한국노총 중앙연구원"에서도 연구 사례로 다루었다. 진행 경과는 성격상 대부분 일치하고, 분석 부분 중 일부는 중복되는 내용이 있다. 그러나 여기에서 관심을 갖고 살펴보는 내용, 즉 집단교섭이 공공부문 노사관계에서 갖는 의미, 집단교섭 운영합의가 갖는 의미, 사적조정이 갖는 의미, 공공부문 또는 좁혀서 지방공기업 노사관계에서 이 사례가 갖는 의미 등은 여기에서 별도로 고찰하는 내용이다.

사례는 중앙정부의 권고안에 맞서 지방공기업 노사와 지방자치단체가 중앙정부 권고안과 다른 내용의 합의를 이끌어 냈다는 점에서 주목을 받았다.

그러나 이 사례에서 주목할 사항이 이것만은 아니다. 집단교섭 방식이라는 초기업별 교섭 형태를 띤 것이 공공부문 교섭 형태의 전환에서 갖는 의미가 무엇인가, 노사가 '서울특별시 투자기관 성과연봉제 관련 집단교섭 운영합의(2016. 8. 31)'를 한 것은 어떤 의미가 있는가, 교섭과 합의 진행과정에서 나타났던 사적조정이 갖는 의미가 무엇인가, 집단교섭에 따른 노사 합의 이후 서울시 노사정합의가 갖는 의미가 무엇인가는 단지 이 사례만이 아니라 공공부문 노사관계 발전과 기업별 교섭 탈피를 위한 교섭 집중화에서 큰 의미를 가질 수 있다. 또한 이 과정에서 등장한 다양한 이해관계자들의 역할에 대해서도 검토할 필요가 있다.

또한 지방공기업에 국한해서 살펴본다면 서울 사례가 다른 지방자치단체 경우에도 적용할 수 있는 일종의 모범 사례, 선행 사례로서 역할을 할 수 있을지도 검토가 필요하다. 이후 과제와 관련해서 이 사례를 단지 2016년 성과연봉제에 국한한 개별사례가 아니라 중장기발전 방향이란 점에서는 어떻게 보아야 할지도 검토가 필요하다.

이런 문제의식을 가지고 아래에서는 다음과 같은 순서로 2016년 서울시 투자기관 성과연봉제 집단교섭 사례를 살펴본다. 먼저 사례 진행 경과를 개관한다(1. 2016년 서울시 투자기관 성과연봉제 집단교섭). 다음으로 집단교섭 경험이 지방공기업노사관계에서 갖는 중요한 의미들에 대해 주제별로 살펴본다(2. 주요 쟁점과 의미). 다음으로 이 사례에서 나타난 주요 특징을 정리해보고 이후 과제를 살펴본다(3. 의미와 과제). 사례연구를 위한 자료는 주로 교섭 관련 참여조직·기관(서울시, 노사정서울모델협의회, 전국공공운수노조) 회의자료·성명서·보도자료 등 문건자료, 참여노조 중 하나인 서울시시설관리공단노조 관계자가 정리한 자료(김태영, 2017), 민주노총 공공운수노조 간부와 노사정서울모델협의회 관계자 면담자료이다.

1) 2016년 서울시 투자기관 성과연봉제 집단교섭[2]

이 사례 연구는 공공부문 교섭 발전방안을 모색하기 위한 연구의 한 부분으로 진행하는 것이다. 그러므로 2016년 서울시 투자기관 성과연봉제 집단교섭 진행 경과, 주요 요구안에 대한 분석, 합의 내용 등은 여기에서는 큰 관심사항이 아니다. 따라서 이들 사항에 대해서는 이 부분(2016년 서울시 투자기관 성과연봉제 집단교섭)에서 일률적으로 살펴보고 그 이후에는 의미 해석에 주목하고자 한다.

---

2) 이 부분은 분석이라기보다는 주로 객관적으로 드러난 사실 위주로 정리하는 것이다. 따라서 주로 교섭 관련 참여 조직 회의자료·성명서·보도자료 등 문건자료, 참여노조 중 하나인 서울시시설관리공단노조 위원장이 정리한 자료(김태영, 2017), 면담자료를 토대로 재정리한다.

(1) 노사정서울모델협의회

 서울시 5개 투자기관 노동조합3)은 2000년부터 서울시투자기관 노동조합협의회(이하 '서투노협')로 연대하여 공동노사쟁점에 대한 공동대응, 서울시를 상대로 한 정책 활동을 통해 △2000년 노사정 서울모델협정서, △2001년 퇴직금누진제, △2013년 퇴직수당 폐지와 정년연장, △2015년 일자리 창출을 위한 노사정 서울협약 등 공동합의를 이끌어낸 바 있다.

 또한 서울시와 투자·출연기관 노사는 1995년 「노사정위원회의 설치 및 운영 등에 관한 법률」과 2000년 「서울특별시 노사정협의회 설치 및 운영조례」 제정에 따라 노사정서울모델협의회를 설치하여 현재까지 운영 중에 있으며 구성인원과 구성체계도는 다음과 같다.

---

3) 서울시 5개 투자기관 노동조합은 서울지하철공사노동조합, 5678서울도시철도공사노동조합, 서울특별시시설관리공단노동조합, 서울특별시농수산식품공사노동조합, 서울도시주택공사노동조합이다. 이 중 서울도시주택공사노동조합은 전국지방공기업연맹 소속이고 다른 4개 노조의 상급단체는 민주노총 전국공공운수노동조합이다.

<그림 6-1> 노사정서울모델협의회 구성 인원과 체계도

【구성인원】 28인(공익위원 6, 11개 기관 노·사 대표 각 11인)
- 공익대표 위원 6인(서울시 추천 2, 노조 추천 2, 사용자 추천 2)
- 서울시 투자·출연기관 노동조합 대표 위원 11인
- 서울시 투자·출연기관 사용자 대표 위원 11인

【구성체계도】

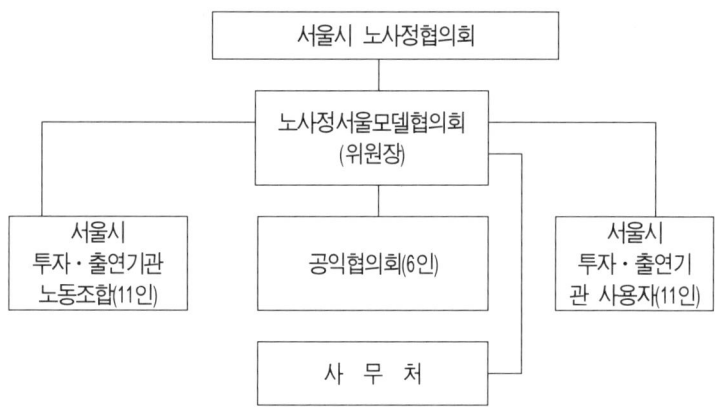

자료: 김태영(2017)

(2) 집단교섭 추진 배경

2016년 서울시 투자기관 집단교섭 추진 배경에는 정부의 공공부문 구조조정이 있었다. 2016년 2월부터 정부는 2대 지침('취업규칙 해석 및 운영지침', '공정인사 지침')을 발표하며 성과연봉제 도입과 저성과자 퇴출제를 추진하였는데 양대 노총 공공부문노조공동대책위원회(공대위)는 정부 지침에 맞서 저지투쟁을 진행하였다.

정부는 중앙 공공기관에 성과연봉제 도입을 추진한 후, 「지방공기업 성과연봉제 권고안(2016. 5.10)」을 발표하여 지방공기업에도 성과연봉제 도입을 추진하였다. 행정자치부가 성과연봉제를 조기 도입할 경우 인센티브를 부여하겠다고 하여 서울시투자기관에서도 도입 움직임이 나타났다.

정부의 성과연봉제 도입 시도에 대해 공공부문 노조들은 상급단체별로, 개별노조별로 조금 차이가 있기는 하지만 대체로 상급단체에 교섭권을 위임하거나 또는 상급단체 수준에서 정부에 대응하기로 했다. 정부지침은 개별 사측이 아니라 정부가 요구한 것이니 개별노조가 대응하는 것이 적절하지 않고, 또 정부지침에 대해 단위노조가 대응해서는 협상력이 떨어지니 상급단체 나아가 공대위에서 공동으로 대응해야 한다는 방침에 따른 것이다.

서울시 투자기관 노조들은 이제까지 경험을 놓고 볼 때 개별교섭을 해서는 노조가 밀린 경우가 많다보니 공공부문 노조 전반적으로 흔들리는 상황이었다는 문제의식에 따라 돌파구를 찾기 위해 집단교섭을 진행하기로 했다. 이는 2015년 서울시와 투자·출자·출연기관 노사가 일자리창출과 임금피크제와 관련하여 합의한 노사정서울협약서 작성시 "취업규칙, 근로계약 등의 변경 등 사항에 대해 노사합의를 중시하고 임금 및 고용안정 관련 단체협약을 중시한다."는 조항에 근거한 것이다. 공공부문 노조들, 특히 민주노총 공공부문 노조들은 과거부터 기업별교섭 형태를 벗어나기 위한 다양한 노력을 해온 경험이 있다. 민주노총 공공운수노조는 지방공기업본부(준)에서 논의를 하여 서투노협 차원에서 집단교섭을 요청하기로 했다. 이미 공공운수노조 방침에 따라 단위노조 교섭권이 상급단체인 공공운수노조로 위임이 되었기 때문에 집단교섭을 위한 준비는 되어 있었다. 이후 관련 단위노조와 협의를 한 후 대외적으로 전국지방공기업노조연맹에 제안을 해서 집단교섭을 진행하기로 하였다. 이 과정에서 요구안, 교섭시기, 교섭이 잘 안 풀릴 경우 공동파업 일정 조정 등 실무 협의를 했다.

공공운수노조의 경우는 성과연봉제와 관련한 단위노조 교섭권이 이미 공공운수노조로 위임되어 있었기 때문에 형식적으로는 공공운수노조가 알아서 하면 되는 상황이었다. 그렇지만 실제로는 단위노조 수준 논의가 더 중요했고 해당 노조 판단을 존중해야 하기 때문에 교섭과 관련한 내용에 대해 관련 단위노조와 논의했다. 기업별노조 체계인 한국 노조 현실에서 아무리 공공운수노조로 교섭권 위임을 한다고 해도 모든 권한이 노조 중앙으로 오는 것은 아니기 때문이다. 즉 집단교섭과 관련한 진행은 공공운수노조 중앙이 했지만 관련한 교섭 준비와 진행, 쟁의, 마무리 모두 단위노조들의 역할이 컸다.

(3) 집단교섭 진행 경과

5개 서울시 투자기관 노조가 집단교섭을 요구하면서부터 이후 진행된 주요 경과는 다음과 같다. 성과연봉제 집단교섭 합의와 후속 합의 후 이행을 위한 노사정 TF 가동 시점까지 살펴본다.

<표 6-1> 집단교섭 관련 진행 경과

○ 서울시 투자, 출자·출연기관 일자리 창출을 위한 노사정 서울협약서 (2015. 12. 15)
  -제7조: 투자, 출자·출연기관은 공공기관 취업규칙, 근로계약 변경 등 사항에 대해 노사합의를 중시하고 임금 및 고용안정 관련 단체협약을 준수한다.
○ 집단교섭 요구와 결정
  -2016. 07. 20: 집단교섭 요구(노조 ⇒ 서울시·투자기관 사용자)
  -07. 26: 집단교섭 실시여부 결정 노사대표자 회의(노사정서울모델협의회 주최)
○ 집단교섭과 사적조정에 대한 사전 검토와 준비
  -노사정서울모델협의회 주관 5개 투자기관 노사간담회(07. 29)
  -투자기관 노조, 교섭권 상급단체 위임과 집단교섭 개최 요구(08. 10)
  -노사정서울모델협의회-공공운수노조, 서울지방노동위원장 면담(08. 25)
○ 공공운수노조, 노정교섭(기획재정부, 행정자치부, 고용노동부) 무산(09. 01)
○ 본교섭(3회)과 실무교섭(3회)
  -08. 19: 1차 본교섭 (집단교섭 운영 합의서)
  -09. 08: 3차 본교섭 (교섭 결렬)
○ 사적조정(3회)
  -09. 09~23: 사적조정(조정 결렬)
○ 서울시 기획조정실장, 5개 투자기관 사측 대표자 간담회(09. 21)
○ 쟁의행위 찬반투표
  -09. 18~29: 서울지하철공사노동조합(가결: 찬성율 83%), 5678도시철도공사노동조합(가결: 찬성율 66%), 서울특별시시설관리공단노동조합(투표 중단: 찬성율 66%)

○ 공공운수노조 파업과 성과연봉제 관련 노동계 시기집중 파업
  -09. 27: 서울지하철공사노동조합과 5678도시철도공사노동조합 총파업 돌입
○ 박원순 서울시장, 성과연봉제 노사 자율교섭에 의한 해결 필요 언급(09. 26~27)
○ 쟁의 후 조정 진행, 권고안 노사 불수용(09. 28)
○ 쟁의 후 추가 교섭 진행, 노사합의(09. 29)
○ 중앙정부, 집단교섭 합의에 대해 우려 표명(09. 30)
○ 서울시, 서울시 투자기관 성과연봉제 도입 관련 입장 표명(09. 30)
  -"성과연봉제 도입 역시 소통을 통한 노사 간 합의가 제1의 원칙"임을 재확인
○ 서울시 노사정 성과연봉제 관련 후속 합의(10. 10 서울시장 간담회시)
○ 양대노총 공공부문 노조, 민주당 우상호 원내대표 간담회(10. 06)
  -성과연봉제 문제 해결과 사회적 합의를 위한 국회 중재 요청
○ 집단교섭 합의와 후속 합의 후 이행을 위한 노사정 TF 가동

자료: 관련 회의자료, 성명서·보도자료, 김태영(2017) 등을 참조하여 재구성

(4) 집단교섭 과정에서 나타난 주요 요구안과 합의안

이 연구에서는 집단교섭 경험에 집중하면서 그 의미 해석에 치중하고자 한다. 따라서 집단교섭에서 나타난 주요 요구안과 합의안에 대한 평가는 심도 있게 다루지 않는다. 집단교섭과 관련한 주요 요구안과 합의안에 대해서 겉으로 드러난 내용 위주로 간단하게 살펴보는 것으로 대신한다.

먼저 집단교섭 노사 양측의 요구안이다. 노측 요구안에서 핵심적인 사항은 "성과연봉제, 퇴출제 관련 사항은 노사합의가 필요한 교섭대상임을 확인"하는 것이다. 사용자 요구안에서 핵심은 "성과연봉제는 행자부 권고안대로 노사가 합의"하자는 것이다. 또한 사용자 요구안에서 특징적인 것은 "집단교섭기간 내 합의에 도달하지 못할 경우, 각 단사별 개별교섭으로 전환"하자는 것으로 사측은 집단교섭보다는 개별교섭을 선호한다는 것을 드러내고 있다.

<표 6-2> 집단교섭 노사 양측 요구안

【노동조합 요구안】
1. 성과연봉제, 퇴출제 관련 사항은 노사합의가 필요한 교섭대상임을 확인하고, 회사는 노사합의 없이 이사회 결정 등을 통해 일방 도입하지 않는다.
2. 성과연봉제 및 성과와 고용(퇴출)을 연계하는 제도는 도입하지 않는다.
3. 회사는 성과연봉제, 퇴출제 미도입으로 인한 패널티를 조합원에게 적용하지 않는다.

【사용자 요구안】
1. 성과연봉제는 행자부 권고안대로 노사가 합의하여 2017년 1월 1일부터 도입한다.
2. 보수체계 등 성과연봉제 체계는 행정자치부 권고안에 따른다.
3. 성과연봉제 세부 시행 방안은 각 단사별 노사합의로 결정한다.
4. 집단교섭기간 내 합의에 도달하지 못할 경우, 각 단사별 개별교섭으로 전환하여 진행한다.

노사는 집단교섭을 앞두고 8월 31일 「서울특별시투자기관 성과연봉제관련 집단교섭 운영합의서」를 체결한다. 그 주요 내용은 "성과연봉제, 퇴출제 관련 사항은 노사합의가 필요한 교섭대상"임을 확인한 것과 "집단교섭 기간 중 교섭에서 이탈하지 않는다"는 것이다.

<표 6-3> 서울특별시투자기관 성과연봉제관련 집단교섭 운영합의

6. 성과연봉제, 퇴출제 관련 사항은 노사합의가 필요한 교섭대상이므로 사측은 집단교섭 기간 중 이사회의 일방 통과를 시도하지 않는다.
8. 상호 합의한 교섭 일정은 다른 일정에 우선하여 준수하고, 집단교섭 기간 중 교섭에서 이탈하지 않는다.

9월 29일 「서울특별시투자기관 성과연봉제관련 집단교섭 노사합의」 주요 내용은 다음과 같다. 핵심은 "성과연봉제의 도입 여부는 노사합의로 결정"한다는 것이나 그에 더하여 "지방공기업의 자율경영 확대 및 중앙정부 공공기관과의 처우 격차 해소"를 위해 노력하고 이 과정에서 "서울시, 노사정서울모델협의회에 적극적인 지원을 요청"하기로 한 것도 이후 발전방향과 관련해서 중요한 의미를 갖는다.

<표 6-4> 서울특별시투자기관 성과연봉제관련 집단교섭 노사합의

1. 성과연봉제의 도입 여부는 노사합의로 결정한다.
2. 저성과자 퇴출제 등 성과와 고용을 연계하는 제도는 시행하지 않는다.
3. 지방공기업의 자율경영 확대 및 중앙정부 공공기관과의 처우 격차 해소를 위하여 노력한다.
4. 상기 항목의 이행을 위해 서울시, 노사정서울모델협의회에 적극적인 지원을 요청한다.

집단교섭이 합의에 이른 이후 10월 10일 서울시장 박원순, 서울시 산하 5개 지방공사·공단(투자기관)의 노사대표 등 노사정은 9월 29일 성과연봉제 관련 합의에 이어 "서울시와 투자기관 노사는 성과연봉제 관련 집단교섭 합의 정신을 존중"하고 "중앙정부 공공기관과 지방공기업의 처우 격차 해소"와 "공공기관에 대한 평가제도를 개혁"하기 위해 노력한다는 내용에 합의하였다. 노사만이 아니라 서울시장이 참여하였다는 점이 큰 특징이다.

<표 6-5> 집단교섭 합의에 따른 서울시 노·사·정 합의(2016.10.10.)

1. 서울시와 투자기관 노사는 성과연봉제 관련 집단교섭 합의 정신을 존중하고, 이행하기 위해 성실히 협의한다.
2. 서울시와 투자기관 노사는 중앙정부 공공기관과 지방공기업의 처우 격차 해소를 위해 노력하고, 공공기관에 적합한 임금체계 개선 방안을 논의하기 위한 공동 연구사업을 진행한다.
3. 서울시와 투자기관 노사는 시민의 안전 및 공공성을 강화하기 위해 공공기관에 대한 평가제도를 개혁하기로 하고 세부적인 개혁방안을 마련한다.

2) 집단교섭 경험에서 나타난 주요 쟁점과 의미

(1) 집단교섭 경험이 공공부문 노사관계에서 갖는 의미

이 사례연구는 '집단교섭' 경험과 그것이 갖는 의미를 살펴보는 것이 주요 목적이다. 따라서 여기에서는 먼저 교섭형태에 대한 일반적인 고찰을 한 후 집단교섭이 공공부문 노사관계에서 갖는 의미가 무엇인가를 살펴보고자 한다.

① 교섭형태에 대한 일반적인 고찰

노사간 교섭은 다양한 형태로 진행할 수 있다. 교섭형태에 대한 일반적인 사항을 살펴보면 다음과 같다.

기업별교섭은 특정기업 또는 사업장 노동조합과 그 상대방인 사용자 간에 단체교섭이 이루어지는 것으로 대단히 분산된 교섭구조이다. 한국에서는 대부분 기업별 또는 사업장별로 교섭이 행해지고 있다. 통일교섭은 산별노조 또는 직종노조와 그에 대응하는 사용자간 교섭으로, 집중된 교섭구조이다. 대각선교섭은 산별노조와 개별사용자가 하는 교섭으로 현행법상으로는 산업별 연합단체도 단체교섭 당사자가 될 수 있으므로 대각선교섭도 가능하다. 공동교섭은 지부 교섭에 산별노조가 참가하는 것을 말하며 현행법상 산업별 연합단체와 단위노동조합인 기업별노조도 단체교섭 당사자가 될 수 있고 단위노조가 상부단체인 연맹체에 교섭을 전부 또는 일부를 위임한 경우에도 공동교섭으로 진행할 수 있다. 집단교섭은 여러 노동조합이 공동으로 이에 대응하는 사용자측 집단과 교섭하는 형태로 기업별 단위노조 대표자들이 연명으로 다수 사용자와 공통된 사항에 관하여 단체교섭을 하는 경우이다(김형배, 2010).

교섭형태 분류에 따라 살펴본다면 2016년 서울시 투자기관 성과연봉제 집단교섭에는 상급단체인 공공운수노조와 지방공기업연맹 대표자, 단위노조 대표자가 함께 참여하였으므로 공동교섭 성격도 띠고 있다. 실제로 기업별노조가 중심인 한국 노사관계에서 기업별교섭 이외 교섭에 대해서는 세부적인 차이가 있음에도 불구하고 엄밀한 개념 규정 없이 집단교섭, 공동교섭 또는 초기업별교섭이라고 쓰고 있다. 이 사례연구에서는 교섭형태의 명칭이 쟁점이 될 사항은 아니므로 이 사례 관련 노사 당사자들이 쓰는 용어대로 집단교섭이라고 쓴다. 그러나 일반적인 집단교섭과 달리 상급단체 대표자가 교섭에 함께 참여하였다(공동교섭 성격 포함)는 점에 주목한다.

② 집단교섭이 갖는 의미

중요한 것은 집단교섭(또는 공동교섭)이 공공부문 노사관계에서 갖는 의미이다. 아래에서는 공공부문 노사관계에서 집단교섭이 갖는 의미에 대해 살펴보고자 한다.

첫째, 교섭집중화를 위한 공공부문 교섭형태 발전으로서 의미가 있다. 공공부문노조를 포함한 한국 노조들은 오랜 기간 기업별노조 탈피, 연장선상에서 기업별교섭 탈피를 통한 교섭집중화를 추진해왔다(유병홍·박용철, 2014). 교섭집중화를 위한 노력의 하나로서 노조들은 특정 연도 임금단체협약 또는 특정 사안에 대해 상급단체 교섭권 위임전술을 구사하기도 했다. 집단교섭은 기업별교섭을 넘어서는 초기업별교섭으로서 의미, 나아가 통일교섭을 통한 교섭집중화를 위한 중간 단계로서 의미를 갖는다. 또한 사례에서 살펴본 집단교섭은 실제로는 산별조직 대표자가 함께 참여하는 공동교섭 성격을 띠고 있다는 점에서 기업별노조들 대표만이 참가하는 원래 의미의 집단교섭보다 교섭집중화로 한 걸음 더 나아간 형태라는 점에서 의미 있다. 따라서 이 사례는 통일교섭 등 교섭형태 다양화에 긍정적인 영향을 미칠 수 있다는 점에서 의미가 있다. 이와 관련하여 공공운수노조 관계자는 "2016년 투쟁에서 공공운수노조의 기본 기조가 교섭권의 공공운수노조 중앙 집중이었던 만큼 교섭의 집중화와 산별중앙의 교섭대표권에 대해서도 이견이 없었던 상황으로서 집단교섭을 추진하기 용이"하였다는 점을 들고 있다.

둘째, 집단교섭은 노동조건 평준화라는 점에서도 의미 있는 시도이다. 성격상 집단교섭은 공동사안을 다루기 때문에 도출된 결과는 여러 사업체에 집단적으로 적용되는 공동의 노동조건으로서 작용한다. 즉 노동조건의 평준화를 가져올 수 있다. 산별노조 전환, 통일교섭이 단지 조직형식, 교섭형태의 전환을 의미하는 것이 아니라 노동조건의 평준화를 전제로 하고 있다면 집단교섭이 갖는 노동조건 평준화는 의미가 있다.

셋째, 집단교섭을 통해 노사간 담합(Katz and Kochan, 1992)을 줄일 수 있는 개연성이 있다. "주인 없는 공공기관"이란 특성상 공공기관에서는 노사간 담합 가능성에 대한 우려가 많다. 담합이란 특성상 외부 관계자가 찾아내기는 어렵기 때문에 논의는 무성한데 실제 사례를 찾기 힘들지만 끊임없이 의심을 받아온 것은 사실이다. 그런데 기관별 노사 둘(2)이 담합을 하기는 쉽지만 5개 기관 노사 열(10)이 담합을 하기는 쉽지 않다는 점에서 집단교섭은 노사간 담합 가능성을 줄일 수 있을 것이다. 같은 맥락에서 공공기관의 투명성을 높일 개연성이 있고 개별 기업별 교섭에서 나타나는 기관간 눈치보기(이문호, 2016)를 감소시킬 수 있다는 점도 집단교섭이 갖는 장점으로 들 수 있다.

넷째, 기업별노조의 공동행동을 통한 연대 강화로서 의미가 있다. 노조들은 집단교섭 또는 집단교섭 준비과정에서 공동관심사에 대한 논의와 실행을 통해 연대를 강화할 수 있다. 집단교섭의 성격상 노동조건만이 아니라 공공성 의제까지 포함될 가능성이 높기 때문에 노조 내부만이 아니라 사회적으로도 의미가 있을 수 있다. 공공부문의 경우 정부에 대한 공동의견 제시에도 유용할 것이다.

(2) 집단교섭 운영합의가 갖는 의미

이 사례의 경과 과정에서 노사는 '서울특별시 투자기관 성과연봉제 관련 집단교섭 운영합의(2016. 8. 31)'를 했다. 이는 집단교섭을 진행하기 위한 약정으로서 단체교섭 절차를 단체교섭을 통해 규정한 것이다. 특별할 것이 없는 일상적인 것이라고 보아 넘기기 십상인 내용이다. 그러나 이에 대해서 조금 더 살펴볼 필요가 있다.

공공부문 노조들은 오랜 기간 '노정교섭요구'(양대노총 공공부문 노동조합 공동대책위원위, 2012) 또는 '초기관별 교섭법제화'(김기우·조영임·김영미, 2017) 요구를 내걸어 왔다. 즉 공공기관 노조들이 연합하여 교섭을 신청할 경우 사용자들이 이에 응할 의무를 법제화하자는 것이다. 예를 들면 공공운수노조 대선요구안에 "공공부문 실질사용자와의 직접교섭: 노동관계법에서 정부에 대해 '공공부문 사용자' 의무 부여, 임금·노동조건 관련 지침 제정 시 노동조합과의 교섭 절차를 제도화. 노조(산업별노조 등 연합단체)측과 정부측이 상설적인 노정교섭기구를 구성하고 교섭절차를 제도화"하자는 내용이 들어 있다. 이 요구가 갖는 의미는 여러 가지가 있는데 그 중 하나는 교섭을 안정적으로 가져가자는 것이다. 또한 이는 공공부문만이 아니라 민간부문에서도 통일(집단)교섭 법제화요구로 나타나고 있다. 법제화라는 용어 대신에 제도화라는 용어를 사용하기도 한다.

세부사항에 대한 타당성을 논하기 전에 큰 틀에서 생각해 볼 때 노사자율주의를 주장해온 노조들이 이런 사항까지 법제화 또는 제도화를 내거는 것이 타당한가 하는 의문이다. 이에 대해서는 자칫하면 정부만능론, 입법만능론으로 가는 게 아닌가 하는 비판이 있을 수 있다. 어떤 사안이 터지기만 하면 "정부가 나서라"고 요구하는 것이 가질 수 있는 위험에 대해 고민해볼 필요가 있다. 조금 도식적으로 접근할 때 "노조들이 연합하여 교섭을 신청할 경우 사용자들이 이에 응할 의무 법제화? → 교섭에 응하기는 하는데 대단히 불성실하다면, 그 다음에는 사용자들이 성실하게 교섭할 의무 법제화? → 형식적으로는 성실하게 나오는데 임금인상을 끝까지 반대하면, 그 다음에는 사용자들이 의무적으로 임금을 인상해야 할 의무 법제화?", 이럴 수는 없을 것이다. 지나치게 단순화한 듯 싶지만 법제화, 제도화 요구가 가질 수 있는 문제점이다.

물론 노조에서 이런 문제점을 몰라서 법제화 요구를 내건다기 보다는 교섭형태 전환과 안정화를 위해서 이런 요구를 내건다고 보이지만 문제점을 내포하고 있는 것은 사실이다. 결국은 제도화가 필요할 것이다. 그런데 이때 말하는 제도화는 법제화와는 달리 노사간에 관행과 단체협약을 통해 집단교섭을 약속하고 지키도록 하는 방향을 설정하는 것이 타당할 것이다. 즉 추상적인 수준에서 약속 준수 또는 신사협정이 아니라 단체교섭 절차는 중요한 단체교섭 사항이므로 단체협약으로 정할 사항이다.

해결책은 "노조및조정법은 단체교섭의 대상에 관하여 구체적인 규정을 두고 있지 않으나 근로자들의 근로조건의 결정에 관한 사항과 단체협약의 체결 기타 이와 관련된 사항이 본래적인 교섭대상이 된다는 점에 대해서는 이론의 여지가 없다"(김형배, 2010)는 점에서 찾아야 할 것이다.

즉 단체교섭 관련 사항은 법이나 제도로 정하는 것이 아니라 단체협약으로 정하는 것이 노사자율주의이다.[4] 초기업별 교섭으로

---

4) 단체협약으로 규정한다는 의미에서 제도화라고 하면 그것은 타당한 표현이다.

나아가고 정부와 교섭(협의)을 안정시키려는 노조의 노력과 염원은 그 방향성을 법제화가 아니라 단체협약으로 규정하는 것으로 잡아야 할 것이다. 이런 의미에서 「서울특별시 투자기관 성과연봉제관련 집단교섭 운영합의」(2016. 8. 31)에서 "성과연봉제, 퇴출제 관련 사항은 노사합의가 필요한 교섭대상이므로 사측은 집단교섭 기간 중 이사회 일방 통과를 시도하지 않는다. 상호 합의한 교섭 일정은 다른 일정에 우선하여 준수하고, 집단교섭 기간 중 교섭에서 이탈하지 않는다."고 규정한 것은 의미가 있다. 또한 「서울특별시 투자기관 성과연봉제관련 집단교섭 사적조정합의서」에서 "집단교섭에 참석한 당사자들은 성과연봉제 등에 대해 노사공동으로 사적조정을 신청한다."는 것도 역시 같은 맥락에서 의미가 있다.

위 내용은 일회성이지만 이것이 시사하는 바는 집단교섭을 지속적, 상시적으로 활용할 수 있도록 하기 위해서는 법제화나 정부 의지가 아니라 단체교섭을 통한 단체협약 체결로 규정할 필요가 있다는 점이다.

이번 사례를 토대로 이후 단체교섭으로 단체교섭 절차를 규정할 때, 즉 집단교섭에 대한 운영합의를 할 때 포괄할 내용은 교섭 시작에서 체결까지 교섭원칙, 교섭방식, 절차, 조정절차, 협약체결, 공공부문이 갖고 있는 특성을 고려한 특이사항 등이 될 것이다. 구체적으로 서울시 투자기관 사례를 중심으로 살펴본다면 다음과 같이 할 수 있을 것이다. 즉 '(가)서울시 투자·출연기관 집단교섭·사적조정과 이행보장을 위한 협약'으로 명칭을 정하여 교섭과 조정 그리고 공공부문 특성을 고려한 이행보장까지 포괄범위로 할 필요가 있을 것이다. 세부내용으로는 협약 취지를 규정하는 전문과 개별 세부 내용을 규정하는 본문으로 구성한다. 본문에는 집단교섭 방식 개념 규정, 당사자 개념 규정, 교섭권 위임절차와 효력, 상급단체 참여 보장, 서울시와 서울모델협의회 참관 규정, 사적조정제도 우선 적용 원칙 규정과 조정위원 선정 원칙, 개별교섭 타결조항에 대한 집단교섭 타결조항의 우선·우월 적용 원칙, 참관조직이 참가하는 타결조항의 보장, 그밖에 노사가 합의한 추가 필요사항 등을 포함할 수 있을 것이다.

(3) 사적조정이 갖는 의미

① 조정방식

현행법상 조정방식에는 노사의 자주적 해결원리에 의한 사적조정방식과 노조및조정법의 규정에 의한 국가의 조정방식이 있다. 사적조정이라 함은 노조및조정법에 규정된 내용이나 절차(공적 조정절차)와 다른 조정 또는 중재방법을 의미한다. 양자 관계에서 사적조정에 관한 노사당사자 합의가 있는 경우에는 그 조정절차가 먼저 적용된다. 조정기관의 구성에 관해서는 단체협약 내에 약정해놓을 수도 있고, 조정절차의 개시와 더불어 노사당사자가 선임할 수도 있다. 조정기관의 권한에 관해서도 노사당사자가 구체적으로 정할 수 있다. 이에 따라 조정기관은 일정한 제안을 하거나 또는 재정권한을 가질 수도 있다. 그러므로 각 조정절차의 기간·

방법·담당기관 등은 노사당사자가 자유로이 정할 수 있다. 현행 노조및조정법은 당사자 합의에 의하여 법상의 조정제도와는 다른 조정이나 중재방법을 채택한 경우 이를 공적조정에 우선시키는 사적조정 우선 원칙을 선언하고 있다. 그러나 현실에서는 사적조정제도가 활성화되고 있지 않다. 즉 사적조정절차를 통한 노사의 자주적인 분쟁해결문화를 촉진하는 데 여전히 미흡하다고 할 수 있다(김형배, 2010).

<표 6-6> 사적조정 관련 노조및조정법 조항

> 제47조(자주적 조정의 노력) 이 장의 규정은 노동관계 당사자가 직접 노사협의 또는 단체교섭에 의하여 근로조건 기타 노동관계에 관한 사항을 정하거나 노동관계에 관한 주장의 불일치를 조정하고 이에 필요한 노력을 하는 것을 방해하지 아니한다.
>
> 제48조(당사자의 책무) 노동관계 당사자는 단체협약에 노동관계의 적정화를 위한 노사협의 기타 단체교섭의 절차와 방식을 규정하고 노동쟁의가 발생한 때에는 이를 자주적으로 해결하도록 노력하여야 한다.
>
> 제52조(사적조정·중재) ① 제2절 및 제3절의 규정은 노동관계 당사자가 쌍방의 합의 또는 단체협약이 정하는 바에 따라 각각 다른 조정 또는 중재방법(이하 이 조에서 "사적조정 등"이라 한다)에 의하여 노동쟁의를 해결하는 것을 방해하지 아니한다.

위에 잘 나타난 바와 같이 조정은 사적조정, 자주적 조정을 우선하고 있다. 그런데 현실에서 사적조정이 활성화되지 않고 공적조정이 널리 활용되다보니 마치 공적조정이 우선이고 보편적인 것처럼 인식되기 십상이다. 그러나 노사자율주의라는 큰 원칙에 비추어 본다면 조정방식도 노사가 자율적으로 정하고, 조정인도 노사가 선정하고, 조정인의 역할과 권한도 노사가 규율하는 사적조정방식이 더 합당하다. 한국노사관계 현실이 그에 따라가지 못하고 있을 뿐이다.

② 서울시 집단교섭 사례에 나타난 사적조정

서울시 집단교섭 사례에서 노사, 서울모델협의회 등 관련 당사자들은 조정방식을 검토한 결과 사적조정을 선택하기로 했다. 준비단계에서 법률 자문을 통해 "사적조정 의미: 노조는 수용하기 어려운 의제를 공동으로 또는 사회적 타당성 차원에서 해결하고 집단교섭의 성과를 가져갈 수 있고, 사측은 사회적 현안을 해결할 수 있으며, 서울시측은 사회적 이슈에 대해 분쟁을 해결하는 이익이 있음"이라는 답변을 얻어냈다. 또한 "노동환경이 복잡해짐에 따라 전문성이 높은 해당 분야 사적조정이 공적조정보다 더 나을 수 있음. 사적조정이 공적조정보다 유연성이 더 높음. 서울모델협의회가 법적 강제력은 없지만 그 동안 참여기관의 분쟁에 조정역할을 해온 경험이 있고 많은 정보를 갖고 있어 사적조정에 유리할 수 있음. 공적조정은 임금 등 노동조건에 대한 분쟁사항에 대해 조정을 하는데 사적조정은 그보다 폭넓게 조정할 수 있음"(이문호,

2016)이라는 논의를 통해 서울모델협의회가 사적조정에 관여하는 방안에 대한 공감대를 이끌어 낸 것도 의미가 있다. 이런 사전논의와 공감대 형성을 거쳐 노사 교섭당사자는 서울특별시 투자기관 성과연봉제 관련 집단교섭 사적조정합의서에서 "집단교섭에 참석한 당사자들은 성과연봉제 등에 대해 노사공동으로 사적조정을 신청한다."는 합의를 이끌어 냈다.

이후 서울시 투자기관 성과연봉제 집단교섭 조정위원회 제2회 조정회의에서는 사적조정회의 원칙으로 다음과 같이 결정하였다. 핵심적인 내용은 사적조정인이 노사자율주의에 근거하여 사적조정을 한다는 내용이다.

<표 6-7> 사적조정회의 원칙

집단교섭 사적조정에 참여하는 노사대표는 다음과 같이 사적조정의 5대 원칙에 동의하며 회의를 진행하기로 하였음.
가) 자율적 진행: 노사가 안을 내지 않는 한 조정안을 의무적으로 제시하지 않는다.
나) 비밀의 원칙: 자유로운 토론을 위해 회의 내용은 상호동의한 회의 결과를 제외하고는 외부로 유출하지 않는다.
다) 개별회의: 개별접촉을 통해 파악한 내용은 상대방에게 공개하지 않는다.
라) 엄정중립: 치우치지 않는 조정.
마) 미래 대안 모색: 과거에 관한 이야기는 참조만 한다.

③ 사적조정이 갖는 의미

「서울특별시 투자기관 성과연봉제관련 집단교섭 사적조정합의서」는 위에서 살펴본 바와 같이 단체교섭 절차에 대해 단체교섭으로 규정하고 있다는 점, 사적조정 활성화라는 점에서도 의미가 있다. 조금 더 세부적으로 살펴보면 다음과 같다.

첫째, 노사자율주의에 입각해서 살펴본다면 사적조정이 원칙이고 공적조정은 보조적인 것이다. 공적조정이 널리 활용되다보니 이런 기본원칙을 망각하고 있는데 서울시 투자기관 집단교섭에서 이를 다시 한 번 되돌아보게 한 것은 큰 의미가 있다. 이 사례를 계기로 공적조정에 대한 문제를 제기하고 사적조정 활성화 방안을 모색하는 것도 의미 있을 것이다.

둘째, 사적조정의 유용성에 대해서도 검토가 필요하다. 노사 스스로 선택한 조정인이므로 신뢰가 더 높을 것이라는 점에서 사적조정이 공적조정보다 분쟁해결가능성이 더 높을 수 있다. 또한 같은 맥락에서 분쟁해결 이후 만족도가 더 높을 수 있다.

셋째, 결과적으로 파업 가능성을 줄여줄 것이다. '파업=나쁜 것'이란 전제를 따르지 않더라도 파업은 노사당사자, 많은 이해관계자에게 커다란 비용을 지출하게 하는 것은 사실이다. 특히 공공부문은 그 특성상 이해관계자 모두에게 파업에 대한 부담이 큰데 파업을 회피하면서 합의안을 이끌어 낼 가능성을 높인다는 것은 사적조정이 갖는 큰 이점이다.

사적조정이 갖고 있는 원칙적인 의미와 실질적인 이점에도 불구하고 현재 활성화되어 있지 않다. 노조와 사용자, 나아가서 다양한 노사관계 이해당사자들은 서울시 집단교섭 사례를 통해 사적조정이 원칙이라는 점을 다시 한 번 되돌아보면서 활성화 방안을 모색해야 할 것이다. 이를 위해서는 유능하고 신뢰받을 수 있는 조정인 찾기, 조정 비용 부담 문제 등 실행과정에서 검토해야 할 과제들이 있다. 공공운수노조 관계자는 면담에서 "제안된 사적조정 위원이 노동조합이 수용할 수 있는 인물들이었다", "(사적조정 모델은) 공공부문 집단교섭에서 노사간 조정뿐 아니라 정부와 조정이 가능한 인물이 역할을 할 때 작동 가능한 모델"이라고 하여 조정인 찾기의 중요성과 함께 그런 인물 찾기가 쉽지 않을 것임을 시사하고 있다. 이는 이후 풀어야 할 과제이다.

(4) 서울시 노사정 성과연봉제 관련 후속 합의가 갖는 의미

5개 투자기관 노사가 성과연봉제와 관련하여 합의를 한 이후 서울시 노사정 성과연봉제 관련 후속 합의(10월 10일)가 이루어졌다. 이 합의는 노사만이 아니라 서울시장이 참여하였다는 점이 큰 특징이다.

① 노정교섭인가 노정협의인가?

노사정교섭에 대해 살펴보기 전에 노정교섭에 대해 살펴볼 필요가 있다. 공공부문 노조는 오랜 기간에 걸쳐 노정교섭을 요구해

왔다(양대 노총 공공부문노동조합 공동대책위원회, 2012). 공공부문의 노동조건은 사실상 정부지침에 의해 결정되고 있기 때문에 실질적인 사용자인 정부와 노조가 직접 교섭을 하자는 것이다. 지방공기업의 경우 '정부'는 중앙정부(행정자치부)일 수도 있고 지방자치단체일 수도 있다는 점에서 조금 차이가 있기는 하지만 노정교섭 요구라는 점에서는 같다.

그러나 얼핏 당연해 보이는 이 요구가 과연 타당한가는 검토를 필요로 한다. 원론적으로 접근해본다면 단체교섭은 '노사'가 하는 것이다. 물론 그 사용자가 정부라면 결과적으로는 노정교섭일지 모르지만 이때 정부는 사용자 자격으로 나오는 것이므로 결국 노사교섭이다. 단체교섭 기본에 충실하다면 노정교섭이란 말을 쓰는 것이 과연 타당할지 의문이다. 단체교섭 당사자는 노와 사다. 단체교섭, 단체교섭 당사자에 대해서는 이와 같은 기본에서 출발해야 할 것이다.

공공부문 노조가 정부와 대화를 할 일은 아주 많기 때문에 노정교섭 요구는 일면 이해가 가는 측면이 있다. 그러나 노조가 정부와 대화를 하려고 하는 것이 모두 임금 등 노동조건 관련 사항인가? 일단 임금 등 노동조건 관련사항이라면 단체교섭 대상이 될 것이므로 사용자와 단체교섭을 하여야 할 것이다. 그리고 그 사용자가 정부라면 정부와 교섭을 하여야 할 것이다. 그런데 만일 노조에서 관심을 갖는 요구사항이 단체교섭 사항이 아니라면 그에 맞는 논의를 해야 할 것이다. 즉 노조가 정부와 대화를 하려는 의제가 노동조건 관련 사항이 아니라면 교섭대상이 아니라 협의대상일 것이다. 따라서 이때 형식은 노정협의가 될 것이다(유병홍·박용철, 2014).

② 사실상의 사용자인 정부와 사실상의 교섭

노정교섭이 필요한 이유에 대해 노조측은 정부가 사실상의 사용자라는 것을 들고 있는데 이는 타당한 문제의식이라고 본다. 그러나 사실상의 사용자라면 형식상의 사용자는 아니라는 것이 전제되어 있다. 단체교섭 당사자, 과정, 절차가 나름 형식을 갖추고 있다는 점을 고려한다면 그 형식을 존중할 필요가 있다. 노조가 요구하는 노정교섭은 법률상 당사자 개념이나 교섭 사안을 놓고 볼 때 형식적인 타당성을 갖기 힘들다. 그러나 현실을 놓고 본다면 노조가 정부와 교섭을 요구하는 내용상 이유, 즉 정부지침이 사실상 노동조건을 결정한다는 점을 부인할 수 없다.

그렇다면 공공부문 노조가 추구해야 할 방향은 사실상의 사용자인 정부와 사실상의 교섭을 이끌어 내는 것으로 잡아야 할 것이다. 노조로서는 정부를 상대로 대정부 교섭을 요구하고 있으나 법률상 사용자가 아닌 정부가 법률상의 교섭에 응할 가능성은 현실적으로 높지 않기 때문에 협의를 하면서 실제 교섭과 같은 효과를 추구하는 유연성을 발휘할 필요가 있다(유병홍·박용철, 2014).

③ 사실상의 사용자 찾기

위와 같은 문제의식에서 본다면 서울시 집단교섭 합의 이후 이루어진 '서울시 노사정 성과연봉제 관련 후속 합의'는 사실상의 사용자 찾기라는 점에서 의미 있는 진전이라고 할 수 있다.

이 합의에서는 첫째 "서울시와 투자기관 노사는 성과연봉제관련 집단교섭 합의 정신을 존중하고, 이행하기 위해 성실히 협의한다."고 하여 노동조건에 대한 합의는 노사가 한다는 것, 둘째 동시에 그에 대해 서울시의 역할을 인정한다는 것, 셋째 노사와 서울시는 '협의'를 한다는 것을 잘 드러내고 있다. 또한 개별 지방공기업수준의 노동조건을 뛰어넘는 "중앙정부 공공기관과 지방공기업의 처우 격차 해소, 공공기관에 적합한 임금체계 개선, 시민의 안전 및 공공성 강화" 방안을 공동으로 마련하기 위한 노력을 기울이기로 했다. 이는 노사간 교섭으로 풀 교섭사항과 노사정이 함께 노력해야 할 협의사항을 구분하고 있고 노조가 요구하는 노정교섭 내용을 사실상 채우고 있다는 점에서 내용, 형식 모두 타당하다.

집단교섭 이후 서울시 노사정합의는 공공부문의 사실상의 사용자 찾기와 확인이란 면에서 의미가 있다. 즉 공공기관의 사실상의 사용자가 누구인가 하는 오랜 논쟁에서 한 획을 긋는 중요한 의미가 있다.

3) 총괄 정리와 이후 과제

(1) 총괄 정리: 사공이 많으면 배가 빨리 간다

2016년 서울시 투자기관 성과연봉제 집단교섭이 갖는 의미에 대해서는 앞에서 살펴본 바와 같다. 다시 한 번 정리하면 다음과 같다.

첫째, 서울시 투자기관 성과연봉제 집단교섭 경험은 공공부문노조를 포함한 한국 노조들이 오랜 기간 추구해온 기업별노조 탈피를 통한 산별노조 전환, 연장선상에서 기업별교섭 탈피를 통한 교섭집중화에 도움이 될 수 있다는 점에서 교섭형태 발전으로서 의미가 있다.

둘째, 노사가 단체교섭을 통해 '서울특별시 투자기관 성과연봉제 관련 집단교섭 운영합의(2016. 08. 31)'를 한 것은 집단교섭 제도화를 법제화나 정부 의지가 아니라 단체교섭을 통한 단체협약 체결로 규정할 필요가 있다는 점을 다시 한 번 상기시킨 점에서 의미 있다. 즉 단체교섭 절차는 단체교섭으로 정하는 것이다.

셋째, 사적조정이 갖는 의미로서, 노사자율주의에 입각해서 살펴본다면 사적조정이 원칙이라는 점을 확인하고 이후 사적조정 활성화 계기를 가져왔다는 점에서 의미 있다.

넷째, 서울시 노사정 성과연봉제 관련 후속 합의는 공공부문 노조의 오랜 바람인 사실상의 사용자 찾기라는 점에서 의미 있는 진전이라고 할 수 있다.

위와 같은 의미에 더하여 또 하나 살펴볼 것이 다양한 이해관계자의 참여 문제이다. 노사교섭 당사자는 노조와 사용자다. 집단교섭도 교섭이므로 직접적인 법적 당사자는 5개 투자기관 사측과 해당 기관 노조다. 그러나 서울시 투자기관의 집단교섭에는 더 많은 이해관계자들이 직간접적인 역할을 했다.

첫째, 노사정서울모델협의회를 들 수 있다. 집단교섭을 사전논의하고, 진행하는 과정에서 서울모델협의회가 일정한 역할을 했다. 예를 들면 교섭과정에서 개별교섭을 하려고 하는 사측을 설득한 것은 큰 역할이었다. 그러나 이 과정에서도 겉으로 두드러지게 드러나게는 하지 않았다. 왜냐하면 교섭이라는 형식으로 진행된 것이었기에 노사가 주체가 되어서 해야 하는 것이 교섭 취지에 합당하기 때문이다.

둘째, 노조 상급단체의 역할을 들 수 있다. 공공운수노조 위원장과 지방공기업노조연맹 위원장이 공동대표교섭위원이고, 교섭요구안을 만들 때 관련노조들과 협의를 하기는 했지만 교섭요구안을 노조 중앙에서 만들었다. 여기에서 논의된 사항이 단지 교섭에 참가하는 5개 사업장 문제가 아니라 모든 지방공기업 문제 나아가 궁극적으로는 중앙정부 공공기관에도 영향을 미치는 문제였기 때문에 공공운수노조 중앙이 많은 역할을 했다.

셋째, 사적조정 위원들의 역할이 있었다. 노조와 사측은 집단교섭 준비과정부터 교섭 결렬시 공적조정이 아니라 사적조정을 하기로 논의를 모았고 실제 교섭 결렬 후 조정과정에서 노사정서울모델협의회 공익위원들과 갈등조정전문가가 나서서 사적조정을 했다.

넷째, 서울시 또는 서울시장의 역할을 들 수 있다. 서울시측에서는 2015년 일자리창출을 위한 노사협약(서울시 투자, 출자·출연기관 일자리 창출을 위한 노사정서울협약서, 2015년12월 15일)에서 향후 노사합의를 중시한다는 합의를 한 바 있었고 또한 시장과 정무라인 쪽에서 노조와 협의를 통해 성과연봉제 논의를 할 필요가 있다는 견해를 보였다. 이를 토대로 노조에서 집단교섭을 요구했고 서울시장이 궁정적으로 수용하겠다는 의지가 있었기에 집단교섭이 가능했다.

서울시장의 이런 의지는 이후 9월 26일 페이스북에서 성과연봉제에 대해 언급한 내용에서 명확히 드러난다. 즉 서울시장은 "공공기관에서 성과연봉제를 도입하는 데에는 매우 신중한 접근이 필요"하고 서울시 산하기관의 "성과연봉제 도입은 물론 노사문제에 대해서는 노사협의에 의해 자율적으로 결정하도록 노사와 전문가가 참여하는 '노사정 서울모델협의회'를 운영"하고 있다고 하여 자신의 견해를 명확하게 드러냈다.

이를 종합하여 본다면 서울시 투자기관 성과연봉제 집단교섭에는 노사 당사자만이 아니라 다양한 이해관계자들이 직간접으로 참여했다.5) 이들 모두의 노력과 참여를 통해 위에서 검토한 사안들이 일정한 진전을 보여서 한국 공공부문 노사관계에서 나름 의미 있는 성과를 이끌어 냈다. 사공이 많으면 배가 빨리 갈 수 있다.

(2) 이후 검토 사항과 과제

① 서울시 경험이 다른 지방자치단체에 미칠 영향

한국 현실에서 서울시는 여러 지방자치단체 중 하나가 아니다.

---

5) 이해관계자 중에는 집단교섭에 대해, 더 정확하게 말하자면 성과연봉제에 대한 논의에 대해 부정적이었던 기획재정부와 행정자치부도 있었다. 그러나 집단교섭이 갖는 의미에 집중하는 이 사례연구에서 다룰 사안은 아니라고 본다.

오랜 기간 서울이 사실상 '중앙'과 같은 역할을 해왔기에 서울에서 이루어진 바는 다른 지방자치단체들에 상대적으로 큰 영향을 미치고 있다. 이는 지방공기업 운영, 노사관계에서도 비슷하다. 서울시 투자기관 성과연봉제 집단교섭 경험이 다른 지방자치단체에 미칠 영향이 무엇일지, 그리고 그 강도와 방향이 무엇일지를 종합적으로 평가하기는 아직 이르다. 여기에서는 "이런 집단교섭 사례가 다른 지방자치단체에도 확산될까"에 집중해서 살펴본다.

먼저 확산을 예견하게 하는 요인들이 있다. 세부적으로 살펴보면 다음과 같다.

첫째, 공공부문 노사관계 주요 사안의 공통성이다. 성과연봉제 문제는 단지 서울시만의 문제가 아니라 모든 지방자치단체에 적용되는 문제였다. 그런데 지방공기업 노사가 직면하고 있는 문제들 중 상당 부분이 마찬가지로 중앙정부 권고안(지침, 기준 등 포함)에 따른 공통사안이다. 따라서 모든 지방자치단체에서 노사정 모두 동일한 사안에 직면하게 될 것이므로 이런 사안에 대해서는 공통으로 고민을 하게 될 것이다.

둘째, 노조 쪽 공동대응이다. 노조들은 공통사안에 대해 공동대책위원회를 통해 공동행동을 하고 있다. 또한 개별 기업별 노조의 상급단체인 연맹이나 산별노조 중앙에서 가맹/산하조직들에 대해 공통으로 적용되는 방침을 제시하고 있다. 이 과정에서 예를 들면 서울시 집단교섭 사례와 같이 성과를 거둔 사례가 확산될 개연성이 있다.

셋째, 사용자측 그리고/또는 지방자치단체 쪽 모방전술이다.

사안의 공통성, 선행 사례를 좋아하는 공무원들의 행태, 지방자치단체 간 눈치보기가 결합되어 다른 지방자치단체들도 서울시 사례를 모방 또는 참조할 개연성이 있다. 더구나 다른 지방자치단체가 아니라 '서울'에서 이루어졌다는 점에서 그럴 개연성이 높다.

실제로 2016년에 다른 지방자치단체에서도 집단교섭 시도가 있었다.[6] 먼저, 대구에서 비슷한 논의가 있었다. 대구는 한국노총 공공연맹 소속 6개 조직, 민주노총 공공운수노조 소속 1개 조직이 참여해서 진행했기 때문에 한국노총 조직 중심으로 관련 사측, 대구시와 협의를 했다. 다만, 서울의 경우와 대구의 경우는 차이가 있다. 서울의 경우는 집단교섭이고 대구는 교섭이 아니라 노사민정협의회 안에서 이루어진 협의라는 점에서 차이가 있다. 이는 성과연봉제에 대한 서울시장(더불어민주당)과 대구시장(당시 새누리당)의 견해의 강도 차이, 민주노총과 한국노총의 사업방식의 차이도 일정한 영향을 미쳤다.

다음으로, 대전에서도 시도가 있었다. 서울에서 집단교섭을 시작한 후 대전투자기관노조협의회에서 대전시에 집단교섭 요구를 했는데 성사는 되지 않았다. 이런 사례를 보면 서울시 집단교섭 사례, 더 나아가 조금 일반화한다면 한 지방자치단체 수준에서 이루어진 새로운 교섭방식 등 노사관계 변화가 다른 지방자치단체에도 확산될 개연성은 충분히 있어 보인다.

---

6) 여기에서 다른 지방자치단체 사례를 종합적으로 검토하기는 힘들다. 상세한 내용은 유병홍·이정봉·허인(2017)을 참조하기 바란다.

그러나 그와는 다른 요인으로 확산을 저해하는 요인도 있다. 구체적인 예를 들어보자면 2016년도 성과연봉제를 둘러싼 집단교섭의 확산도 제한적이었다.

첫째는 노조 요인으로 지역별로 지방공기업노조모임 운영이 차이가 있기 때문이다. 즉 어떤 지역은 거의 친목단체 수준으로 운영되는 경우도 있다. 이런 경우에는 원론적인 의미에서 집단교섭의 필요성에 대해서는 생각을 할지 모르지만 해당 지역에서 노조들이 협의를 거쳐 이런 요구를 하고 관철시켜 나갈 의지 또는 역량이 부족하다.

둘째는 상대방인 사측 요인이다. 서울시 투자기관 사측이 집단교섭에 우호적이었던 데는 서울모델협의회를 통한 과거 논의 경험이 작용했다. 그런데 다른 지역의 경우 이런 경험이 없거나 부족하다.

셋째는 지방자치단체 쪽 요인이다. 서울에서 집단교섭이 가능했던 것이 서울시장 요인이 일정 영향을 미친 것과 마찬가지로 대전시장이 더불어민주당이라서 중앙정부 방침을 그대로 따르지는 않을 것이라는 분석도 가능하다. 대구시장의 경우 당시 새누리당이기는 했지만 성과연봉제에 대해서는 노조 쪽 의견을 받아 논의할 수 있다는 견해를 표명한 바 있다.

2016년 경험을 놓고 볼 때 지방공기업 노조들이 연대경험이 축적되어 있고, 상대방인 지방자치단체가 어느 정도 수용 여지가 있어야 집단교섭(노사민정협의) 요구가 나올 수 있었던 것이다. 이를 조금 더 세부적으로 살펴보면 노조 요인, 사측 요인, 지방자치단체 요인으로 나누어 볼 수 있을 것이다. 이에 대해 노조관계자는 다음과 같이 제시하고 있다. "모든 요인이 작용하겠지만 노조 요인이 더 크다고 보고 있다. 지역별 노조협의회들마다 활동력에서 차이가 있다. 많은 지방공기업노조협의회들이 활동력이 크지 않고 준비가 안 되어 있고 취약하다. 지방자치단체와 집단교섭이란 생각 자체가 없는 노조도 있다. 서울에서 집단교섭이 이루어진 것, 대구에서 부분적이나마 협의가 진행된 것, 대전에서 노조 요구는 있었으나 진행이 안 된 것, 다른 지역에서 집단교섭 시도조차 없었던 것에는 지방공기업노조들의 과거 활동 경험과 준비 정도가 영향을 미쳤다." 이런 점을 고려해서 이후 노조 활동 방향과 강도를 지방자치단체별로 나누어서 살펴볼 필요가 있다.

② 사례에서 드러난 주요 쟁점

여기에서는 사례에서 드러난 쟁점 중 위에서 검토하지 않은 일부 사항에 대해 살펴본다. 다양한 주제가 있을 수 있으나 '교섭'측면에 주목한다.

첫째, 복수노조 문제에 대한 검토가 필요하다. 구체적인 예를 들어보면 서울메트로는 복수노조인데 한국노총 공공연맹 소속 서울메트로노조는 집단교섭에 참가하지 않는 데 따른 문제는 없는가 하는 점이다. 더구나 공공연맹은 민주노총 공공운수노조와 함께 성과연봉제 반대를 위해 양대 노총 공대위 활동을 하고 있는 상황이다. 법적으로는 대표교섭노조가 참여하였기에 문제가 될 것이 없으나 두 노총이 복수노조 문제와 관련하여 모든 노조에게 교섭권을 주어야 한다고 주장하고 있는 것을 고려하면 집단교섭에 함께 할 수 있는 방안을 찾는 고민이 필요하다. 게다가 집단교섭의 취지를 놓고 볼 때 복수노조를 포괄하는 방안을 찾을 필요성이 있다. 다만, 교섭 적법성 문제 때문에 어렵다면 적어도 노조들 내부에서 의견 조율을 하기 위한 장치를 마련해야 할 것이다.

둘째, 집단교섭 등 새로운 교섭 형태 모색에서 포괄 범위 문제이다. 이 사례에서는 투자기관만 참여하였다. 그러나 지방자치단체 산하기관으로는 출자·출연기관도 많다. 노조 관계자는 이에 대해 다음과 같이 말하고 있다. "서울시 출자·출연기관 문제에 대해서는 노조도 고민이 많다. 예를 들면 2015년 임금피크제 수용과정에서도 투자기관은 상당한 진통이 있었는데 출자·출연기관은 특별한 갈등 없이 수용했다. 좋아서 수용한 것이 아니라 정부지침이니 어쩔 수 없다는 자포자기상태에서 수용한 것이다. 더구나 출자·출연기관은 노조가 없는 경우가 많다. 노조에서는 최소한 투자·출연기관노조협의회에서 함께 논의하기 위한 틀을 가져가야 한다는 논의 정도를 하고 있다. 그러나 출자·출연기관까지 논의를 하려면 좀 더 많은 시간과 노력이 필요하다." 필요성 자체에 대해서는 굳이 논란거리가 될 것이 적다. 그러나 실제 실행을 위해서는 많은 고민과 노력이 필요할 것이다.

셋째, 교섭의제와 관련한 검토가 필요하다. 노사교섭과 노(사)정 협의를 나누어서 생각할 필요가 있다. 노사교섭 의제의 경우 성격상 노동조건이 될 것이다. 검토가 필요한 한 사례를 들어본다면 예를 들면 기관간 임금격차 해소를 집단교섭 의제로 다룰 수 있겠

는가 하는 문제이다. 법률적인 문제는 간단하다. 다룰 수 있다. 그러나 오랜 기간 기업별노조로 활동해온 한국 공공부문 노조와 사측이 기관간 임금격차 해소 문제를 집단교섭 의제로 올리기 위해서는 많은 내부 논의를 거쳐야 할 것이다. 논의를 거쳐 집단교섭 의제로 다룰 수 있다는 결론을 이끌어 낼 수 있다면 교섭 형식과 내용 모두에서 커다란 진전이라고 할 수 있을 것이다. 다음으로 노(사)정협의 관련 사항이다. 노동조건에 관한 사항은 어렵지 않게 의제로 올릴 수 있을 것이다. 그러나 예를 들면 공공성 관련 의제에 대해서도 그러한가는 의문이다. 당위론으로 접근하는 것이 아니라 실제 공공부문 노사가 공공성 의제를 논의할 준비가 되어 있고 의지가 있는가에 대한 면밀한 검토가 필요하다.

③ 노조의 이후 계획과 과제

노조는 교섭구조 발전과 관련해서 중장기 계획을 가지고 있는가 하는 문제가 있다.7) 구체적으로 접근하자면 2016년 집단교섭이

---

7) 본문에 쓰기에는 적절하지 않다고 보여 각주로 처리하지만 연구자가 갖고 있는 가장 큰 문제의식은 "공공부문 노조가 이 사례가 갖는 큰 의미에 대해 제대로 파악하고 있는가?" 하는 점이다. 집단교섭 이후 경과를 놓고 보면 중장기적인 교섭구조 발전이란 점에서 큰 의미를 찾지 못하고 '2016년', '서울시 투자기관', '성과연봉제' 관련 사안으로 보고 있는 것이 아닌가 하는 것이 외부 연구자의 의문이다. 공공부문 노사관계에서 큰 의미가 있는 커다란 성과를 이루어내고도 그 평가와 후속조치는 미흡해 보인다.

성과연봉제, 서울시하고만 관련이 있는 것인가 아니면 중장기적인 큰 교섭방향이 설정된 가운데 일부분으로 진행된 것인가 하는 문제이다. 공공운수노조 관계자는 "주된 추진 동기는 단기적인 투쟁 전술 측면이었으나, 산별(공공운수노조) 중앙 차원에서는 교섭구조 발전까지 염두에 둔 접근이었다. 다만 단위노조도 이러한 중장기적 교섭 발전 방향에 동의하여 추진되었다고 보기는 어렵다."고 하고 있다. 공공부문 산별조직으로서는 큰 틀에서는 교섭구조 발전이라는 요구가 있지만 이번에는 주로 단기적인 투쟁전술 측면에서 접근하였고 또한 산별조직과 단위노조 사이에서 인식의 차이가 있을 수 있다는 점에서 많은 논의가 필요하다. 자칫 2016년 서울시 투자기관 집단교섭 경험은 '2016년', '서울시 투자기관', '성과연봉제 교섭' 사례로 끝날 수도 있다. 이를 발전시켜서 정례화하고 다른 지방자치단체에도 적용하는 문제에 대한 고민을 거친 중장기 교섭 발전계획이 필요하다.

서울시 투자기관 집단교섭 경험을 어떻게 발전시켜가야 할 것인가에 대한 노조들의 계획에 대해 노조 관계자는 두 가지를 얘기하고 있다. 첫째, 노조는 같은 형식의 집단교섭을 지방자치단체별로 요구하려고 한다. 그러나 지방자치단체별로 노조 활동 경험, 준비 정도가 다르기 때문에 일률적으로 시도를 하기는 어렵고 먼저 지방공기업노조 조직이 어느 정도 힘이 있는 지역부터 요구해야 한다고 생각한다. 둘째, 노조는 서울에서 집단교섭을 제도화해야 한다는 고민을 하고 있다. 공통의제와 관련해서 매년 진행하는 것을 검토하고 있다. 계획은 구체화된 것은 없지만 2016년 집단교섭 경험을 일회성으로 그치기에는 아깝다고 보고 공통의제를 찾아서 매년 진행한다는 방향을 설정하고 이와 관련해서 노사협약을 맺는 방안 등을 고민하고 있다.

그러나 위와 같은 노조들의 고민과 검토가 현실화될지는 지켜볼 필요가 있다.

첫째, 위와 같은 노조관계자의 발언은 '현재 검토 중'이지 사업계획으로 구체화되고 있지 않다. 물론 이후 현실화될 수 있지만 노조 사업 특성상 연간 사업계획으로 잡히지 않았다는 것은 중요성이 떨어진다는 얘기이다.[8] 이는 서울시 성과연봉제 집단교섭 자체가 노조의 중장기 교섭 계획에서 한 부분으로 설정된 것이 아니라는 점에서 이미 어느 정도는 예견된 것이었다. 서울시 투자기관 집단교섭 사례에 대한 평가와 함께 중장기 교섭 계획 설정을 위한 치밀한 논의가 필요하다고 보인다.

둘째, 집단교섭을 제도화한다는 것의 의미가 무엇인지에 대한 검토도 필요하다. 단체교섭 제도화는 헌법과 노조법상 보장되어 있다. 조금 더 세부적으로 집단교섭으로 할지, 통일교섭으로 할지 등 세부적인 교섭형태는 노조형태, 노사간 협의, 노사간 나아가서는 여러 이해관계자간 힘의 균형에 따라 달라질 것이다. 집단교섭

---

8) 노조 자료에서 집단교섭과 관련해서 구체화된 사업계획은 찾지 못했다. 더욱 문제가 되는 것은 교섭집중화와 교섭구조 발전에 대한 큰 틀에서 계획을 설정하고 그 한 부분으로서 집단교섭을 배치하는 중장기 계획이 보이지 않는다는 점이다.

을 제도화한다는 것이 관행화 그리고/또는 단체교섭을 통한 단체교섭 절차와 조정 관련 사항 합의를 의미한다면 있을 수 있는 표현이라고 보이지만 그와는 달리 일부 노조에서 요구해왔던 통일교섭 법제화와 같은 의미로 제도화를 의미한다면 과연 타당한 방향인가에 대한 근본적인 검토가 필요할 것이다. 이는 단지 법률 검토문제라고 볼 수는 없고 첫째 검토사항에서 살펴본 것의 한 부분으로 노조의 중장기 교섭계획으로 검토할 문제라고 본다.[9]

이 사례 검토에서 드러나는 가장 큰 시사점은 노조가 중장기 교섭전략을 검토할 필요가 있다는 것이다. 이 사례 자체가 중장기 교섭전략 속에서 나온 것이 아니기 때문에 자칫하면 일회성으로 그치고 말 수 있다. 이 사례 교섭이 끝난 이후에도 이에 대한 평가를 토대로 중장기 교섭전략이 나오지 않고 있는 것은 이런 우려가 현실로 나타날 수도 있음을 보여주고 있다. 목마른 사람이 샘 파는 법이다. 공공부문 교섭, 좁혀서 지방공기업 교섭과 관련해서 아쉬운 쪽은 노조이다. 노조에서 교섭구조 발전을 위한 준비에 착수해야 한다. 사공이 많으면 배가 빨리 갈 수 있다. 다양한 이해관계자의 참여와 논의가 필요하다.

---

9) 이 연구에서는 앞에서 살펴본 바와 같이 단체교섭 절차에 대해서는 단체교섭으로 정할 것을 제안하고 있지만 노조에서 어떻게 할지는 노조 자체의 논의가 필요할 것이다.

2. 노사정위 공공부문발전위원회의 설치 및 운영

1) 공공부문발전위원회의 개요

공공부문은 정부가 실질적 사용자의 위치에 있지만 단체교섭에 나서지 않음으로 인해 단체교섭의 무용론이 제기되어 왔다. 공공부문노동조합들은 이러한 이유로 공공기관별 교섭이 아닌 대정부 교섭을 요구해 왔으나 정부는 이를 거부하여 중앙단체교섭은 아직 실시되고 있지 않다. 다만, 공공부문 노사갈등이 격화되면 정책협의 틀로 노사정위원회 내 공공부문 특위가 만들어져 운영되어 왔다.

정부와 공공기관노동조합들은 2013년 1단계 정상화대책 추진과정에서 발생한 갈등을 해소하고, 노사정이 함께 미래지향적인 공공부문 개혁방안을 마련하자는 데 공감대를 형성하고 노사정대표자 간담회(2014.7.29), 제86차 본위원회(2014.8.19), 제91차 상무위원회('14.8.29~9.1)를 통해 공공부문 발전위원회를 구성·발족하였다. 공공부문 발전위원회는 2014년 9월 17일부터 2015년 4월 30일까지 진행되었는데, 위원 구성을 보면 위원장 1명, 노동자·사용자·정부위원 각 3명, 공익위원 5명 등 총 15명으로 구성되었다(<표 6-8> 참고).

<표 6-8> 공공부문 발전위원회 위원 구성

	성명 및 소속	위원 수
위원장	송위섭(아주대학교)	1
근로자위원	김주영(공공노련), 이인상(공공연맹), 김문호(금융노조)	3
사용자위원	이호성(한국경총), 이경상(상공회의소), 성시철(한서대학교)	3
정부위원	노형욱(기획재정부), 권영순(고용노동부), 김준동(산업통상자원부)	3
공익위원	권순원(숙명여대), 김원식(건국대), 박진(KDI), 이병훈(중앙대), 윤영진(계명대)	5

자료: 노사정위원회

공공부문발전위원회(이하, 공발위)의 논의 의제는 크게 네 가지로 구분해 볼 수 있다.

첫째, 2015년 예산편성지침 관련 이슈로 사내복지기금, 복리후생제도, 임금격차 해소 등이 그 내용이다. 둘째. 공공기관 관리제도 개선방안으로 경영평가제도 운영개선, 공운위 제도(노동계 참여 문제 등), 외주용역 발주제도, 셋째, 인력운용 및 임금체계 합리화 방안으로 인력충원, 비정규직, 정년연장, 임금체계, 마지막 기타사안으로 '공공기관 기능조정 관련사항', '금융부문 경쟁력 강화방안', '공공부문 개혁진단과 발전방안 연구용역 발주' 등이었다.

세부 회의 운영 및 논의된 안건 및 의제는 <표 6-9>와 같다.

<표 6-9> 공공부문발전위원회 회의 운영 결과

일시	회의	주요 내용
14.09.17	제1차 전체회의	공공기관 정상화계획 의제채택, 공발위 합의시까지 정상화대책 추진 중단 요구(근로자위원)
14.10.15	제2차 전체회의	운영계획(안), 논의의제 등 검토
14.10.29	제3차 전체회의	논의의제(안) 및 세부운영일정 검토
14.11.12	제4차 전체회의	예산편성지침 개선 관련 노동계 요구안 검토
14.11.26	제5차 전체회의	2015년 예산편성지침 관련 권고문(안) 검토 * 노사정간 이견을 상당부분 좁히고 권고문을 채택할 예정이었으나, 그간의 논의 내용을 회의록에 남기기로 합의하고 논의 마무리
14.12.24	제6차 전체회의	공공기관 관리제도 개선방안(김주영 위원)
15.01.14	제7차 전체회의	공공기관 관리제도 개선방안에 대한 검토의견(박진 위원)
15.01.28	제8차 전체회의	공공기관 관리제도 해외사례 검토(권순원 위원)
15.02.11	제9차 전체회의	관리제도 개선 및 인력운영방안(김주영 위원), 정년연장과 임금체계(이영면 교수)
15.02.25	제10차 전체회의	정년연장과 임금체계(이영면 교수, 라영재 박사)
15.03.16	제11차 전체회의	운영경과와 논의결과 보고 및 4.30일까지 연장 결의 * 경영평가제도 개선, 정원확대 및 인력충원, 비정규직제도 개선, 정년연장, 기능조정 등에 대한 정부측의 구체적 답변 청취를 위해 노동계 6개월 연장 요구
15.04.30	제13차 간사회의	논의결과 검토 및 마무리 * 노사간 사회적 대화를 통해 상호이해의 폭을 넓히고 공공부문의 지속가능한 발전방안 마련을 위해 지혜를 모았으나 성과연봉제 확대 등 노정간 이견으로 최종합의 불가

자료: 공공노련(2015)

2) 공공부문발전위원회의 주요 활동

공발위의 첫 의제는 '2015년 예산편성지침 관련' 사항이었다. 노동계와 기재부는 각각 준비해 온 권고문(안)에 대하여 일정 부분 의견 접근이 있었으나, 인건비 인상기준 포함여부에 대해 노동계와 기재부 간 견해의 차이로 최종 합의에 이르지 못하였다. 이 결과 권고문은 채택하지 않되, 그간의 논의 결과를 '회의결과 보고' 형식으로 작성, 노사정 위원들에게 사전 회람한 후 제6차 전체회의에 보고하였다. 그 세부 내용은 <표 6-10>과 같다.

이와 함께 공발위에서는 경영평가, 인력 충원 등 공공기관노사관계에서 발생한 다양한 문제에 대한 논의가 전개되었으나 노정간 합의를 이끌어내지는 못하였다. 다만 가시적인 성과는 없었지만 노정간 이해의 폭을 넓히고 제도 개선을 위한 노사간 의견을 폭넓게 공유한 점은 성과라 할 것이다. <표 6-11>은 주요쟁점에 대한 논의 결과이다.

<표 6-10> 공공부문발전위원회 2015년도 예산편성지침 논의 결과

구분	14년도 지침	노조 요구사항	15년도 지침	비 고
임금 인상율	1.7%	3.8% (공무원 동일 수준)	3.8%	노동조합 요구 반영
임금 격차 해소	기준 없음	☑ 1인당 평균임금 47백만원 이하: 1% 추가 증액 ☑ 1인당 평균임금 42백만원 이하: 1.7% 추가 증액	☑ 산업평균 110%이상 & 공공기관 평균의 120% (7,800만원) 이상: 2.8% ☑ 산업평균 90%이하 & 공공기관 평균의 70% (4,500만원) 이하 : 4.8% ☑ 산업평균 90%이하 & 공공기관 평균의 60% (4,000만원) 이하 : 5.3%	☑ 노동조합은 저임금 기관의 추가증액 편성요구 ☑ 기재부는 고임금·저임금기관 차등 인상률 적용
통상 임금	통상임금 소송결과에 따른 실적급여 증가액 예비비 계상	☑ (1안) 통상임금 승소시 총인건비 모수로 반영 ☑ (2안) 1안 불가시 기존 지침 유지	통상임금 소송결과에 따른 실적급여 증가액 예비비 계상	노동조합 요구(2안) 반영
사복 기금	<1인당 기금누적액별 출연율 기준> [단위 : 만원] 500 이하 - 5% 500~2,000 - 2% 2,000초과 - 0%	출연제한 기준 폐지 (근로복지기본법에 의거 세전순이익의 5% 범위내 출연 허용)	<1인당 기금누적액별 출연율 기준> [단위 : 만원] 500 이하 - 5% 500~1,000 - 4% 1,000~1,500 - 3% 1,500~2,500 - 2% 2,500초과 - 0%	☑ 출연금 상한 상향조정 (2,000만원→2,500만원) ☑ 출연율 기준 구간 세분(3→5개)
경상 경비	동결	경상경비의 현실화	2% 증액(13년도 경평 S : 1% 증액, A : 0.5% 증액, D : 0.5% 삭감, E : 1% 삭감편성)	노동조합 요구 일부 반영

자료: 노광표(2017b).

<표 6-11> 공공부문발전위원회 논의결과

대주제	소주제 내용	결과	비고
①경영평가	피 평가자 의견수렴	수용	■ 노동계: 구체적인 방안 마련을 위한 실무협의 필요 - 비정규직의 실질적 정규직화(처우개선 등)를 위한 구체적 방안 마련
②경영평가	경영평가 사전 설명 기회 부여		
③경영평가	경영평가단 구성기준 공개		
④인력충원	인력 선순환을 위해 탄력정원 확대(한시적 정책사업, 대외파견, 육아 및 군 휴직 등)		
⑤비정규직	상시적·지속적 업무에 종사하는 비정규직의 정규직 전환		
⑥비정규직	공공부문이 비정규직 문제해결 선도		
①경영평가	전문성 강화(평가위원 임기제 운영, 교육강화 등)	검토가능	■ ⑨번의제: 노동시장특위 결과와 연계, 의제명 변경 필요 ■ ⑪번의제: 노동시장특위 결과와 연계, 의제명 변경 필요 ■ ⑬번의제: 노동계의 논의제외 의견이 있지만, 정부가 관련 내용을 제시한 후 검토하기로 함 ■ 노동계: 지속 논의 필요 - 구체적 대안모색을 위한 실무협의 등 필요
②경영평가	경영평가 양식 개발, 평가지표 입력시스템 구축 등		
③경영평가	기관의 실정을 고려한 정부권장정책의 이행실적 평가		
④경영평가	경영평가방법 개선		
⑤경영평가	평가편람의 수정을 엄격하게 관리 - 주요사업 계량지표의 목표설정방식 개선		
⑥경영평가	평가기관 재분류(공운법상의 기관분류와 평가대상 유형 재검토)		
⑦공공기관운영	법적 요건을 충족하는 모든 기관을 공공기관으로 지정하되, 공공기관에서 제외되는 기관 유형, 판단기준 등을 법령으로 명확히 규정		
⑧공공기관운영	공운위에 노동계 및 시민사회단체 인사 포함		
⑨외주용역	외주용역업무의 계약기간 연장을 통한 고용안정(3+2년 등) 및 최고가치 낙찰제 도입		
⑩인력충원	안전 부문 인력 증원		
⑪인력충원	적극적 인소싱 정책		
⑫비정규직	무기계약직 전환절차의 공정성, 객관성 확보		
⑬임금체계 개편	성과연봉제 대상 확대 및 임금피크제 도입		

대주제	소주제 내용	결과	비 고
①경영평가	공공기관 운영부처와 독립된 별도의 경영평가 전담기구(기관) 도입	수용곤란	■ 노동계: 지속 논의 필요 - 경영평가는 공공기관 지배구조의 핵심이므로 공공기관 지배구조 개선을 위해 지속 논의 필요
②경영평가	단기 및 중장기 지표 분류를 통한 평가 주기 조정		
③경영평가	경영평가단 검증과정 공개		
④경영평가	관리성 정부지표(경영효율화 부문의 비계량 지표, 국민평가 지표, 노사자치 등 관련 법령을 위반하고 있는 지표 등) 폐지 또는 축소		
⑤경영평가	정부정책에 따른 경영실적 악화를 대비한 제도적 안전장치 마련		
⑥경영평가	정상화 대책 완료에 따라 관련 평가지표 폐지		
⑦경영평가	총연봉 및 성과급 차등폭 축소		
⑧경영평가	공공기관 관리 및 평가 전담기구 활용		
⑨경영평가	성과급 이외에 다양한 인센티브 개발 등		
⑩인력충원	공공기관별 중기 인력운영계획 적극수용		■ 노동계: 지속 논의 필요 - 비정규직 증가의 핵심은 외주/사내하청 등 고용구조의 왜곡에서 발생 - 비정규직 해소/청년 일자리 창출을 위해 공공부터 모범을 보여야하므로 정원 및 예산확대와 더불어 실질적 대책으로써 지속 논의 필요
⑪인력충원	교통 등 사회서비스 부문 인력 증원		
⑫공공기관 운영	대규모 공기업의 장 임명시 인사청문회 실시		■ 노동계: 지속 논의 필요 - 낙하산 방지 등 공공부문 정상화의 필수조건이므로 지배구조
⑬공공기관 운영	공기업 및 준정부기관의 비상임이사 및 임원추천위원회에 근로자대표 및 시민단체 추천 인사 각각 1인 이상 포함		

대주제	소주제 내용	결과	비 고
⑭공공기관 운영	대통령 또는 국무총리 직속 독립위원회로 변경	수용곤란	개선을 위해 지속 논의 필요 - 특히, 기능조정 관련하여 의제 채택 시 합의 한대로 반드시 심도 깊은 논의가 필요함
⑮공공기관 운영	민간위원 자격요건을 법률에 명시		
⑯공공기관 운영	공공기관 기관통폐합 및 민영화 등 계획 수립 시 국회에 보고하고 이해당사자의 의견청취		
⑰공공기관 운영	공공기관 지정 또는 지정 해제시 해당 기관 근로자의 고용보장을 법에 명시		

3) 공공부문발전위원회의 평가 및 향후 과제

공발위에 주도적으로 참여했던 공공노련 등 한국노총 공공부문 노조들은 동 위원회 활동의 성과와 문제점을 다음과 같이 정리하고 있다. 먼저, 성과로는 공발위 발족 이전에는 노-정간 소통 창구의 부재로 노동계 의견을 공식적으로 전달할 수 있는 방법이 없었으나, 공발위를 통해 노정협의 창구를 마련하고 노사정 위원간 서로의 입장에 대해 공식적으로 의견 개진 및 공감대를 형성할 수 있었다는 점을 지적한다. 둘째, MB정부 이후 노동계 의견 수렴 없이 예산편성지침을 수립하였으나, 2015년 예산편성지침 수립 시에는 공발위를 통해 노동계 의견을 일부 반영하였고, 기재부에서 향후 예산편성지침 수립시 노동계의 의견을 수렴하겠다는 의지를 표명하였다. 반면, 한계로는 공발위 논의 의제 중 노-정간에 가장 첨예하게 대립했던 임금체계 개편 문제와 퇴출제 시행과 관련하여 노사정위 노동시장특위에서도 같은 의제가 논의되었으나 4월 8일 결렬됨에 따라 공발위에서도 추가 논의를 전개할 수 없었다. 셋째, 경영평가, 공공기관운영위원회, 총인건비 운용의 불합리한 부분에 대한 노동계의 개선요구와 관련하여 기재부는 불합리한 부분이 있음에도 불구하고 제도 변경시 발생할지 모르는 부작용을 우려하여 정책 변화가 없었다. 공공기관을 관리·감독해야 되는 기제로서의 편의성만을 추구하며 문제해결에 보수적으로 접근하였다는 점이다. 특히 총인건비와 관련해서 인건비 인상은 절대 불가하다는 입장에 따라 신규채용 및 비정규직 처우개선 문제 등은 해결 자체가 불가능하였다.

이상에서 보듯 공발위는 공공기관단체교섭 및 노정교섭의 틀이 마련되지 않은 상황에서 노사정위원회라는 사회적 대화 기구 안에 설치되어 적지 않은 활동을 수행했다고 할 수 있다. 하지만 다음과 같은 점에서 공공기관 노사간 정책협의 기구로서는 한계를 갖는다고 할 수 있다.

첫째, 노동계의 일 주체인 민주노총의 노사정위원회 참여 거부 원칙에 따라 공발위의 노동계 참여는 제한적이었다. 노사정위원회가 불신받고 있는 상황에서 또 다시 노사정위원회에 공발위가 설치된다고 하더라도 그 의미는 반감될 수밖에 없다.

둘째, 공발위 위원 구성의 문제이다. 공발위 위원 구성은 노사정 각 3명과 공익위원 5명 등 총 15명으로 구성되었는데, 사용자인 정부 이외에 사용자위원으로 경총 등이 참여하는 것은 정부가 사용자인 공공부문노사관계의 특성상 적절하지 않다. 또한 공익위원 구성에 있어 친정부 성향의 문제점이 지적되어 중립성 논란이 발생한 것도 문제이다.

셋째, 공공기관 정책협의의 제도화 방안을 강구할 필요가 있다. 공공기관 노사관계를 대립과 갈등이 아니라 동의를 바탕으로 한 참여적 노사관계(participative industrial relations)로 변화시키기 위해서는 장기적으로 단체교섭 구조의 집중화를 통한 집단적 의사소통의 제도화를 꾀하는 것이 중요하며, 이를 위해 노사정위 바깥에 상시적 정책협의 틀을 마련하고 운영하는 것이 필요하다.

7
결 론

제7장 결론

　임금 및 근로조건에 대한 단체교섭이 정부지침의 전달벨트로 바뀐 상황에서 공공기관 노동조합이 노정 직접교섭을 요구하는 것은 단체교섭권을 실질적으로 확보하겠다는 것이다. 기업 차원의 단체교섭은 '무늬만 단체교섭'이었다. 이런 상황에서 노정교섭은 공공기관 노조의 단체교섭권을 회복하는 길이자 경제민주주의를 실현하는 바탕이 된다. 이 글은 공공기관 노조들이 노정 사이의 직접교섭이 가능한가라는 질문에서 시작했다.

　결론은 노동조합과 정부 사이의 직접교섭은 가능하지 않다는 것이다. 무엇보다도 공공기관은 공무원과 달리 정부의 전일한 통제 속에 있지 않다. 정부는 단체교섭이라는 노사 사이의 잠재적인 갈등 영역에 개입하지 않으려 들 것이다. 그렇다고 노조가 노정교섭을 강제할 힘이 있어 보이지도 않는다.

　그 대안으로 이 글은 노동조합과 정부가 사회적 대화기구 내에서 정책협의(policy concertation)를 진행하는 방안을 제안했다. 정책협의는 예산 및 공공기관 운영과 관련한 사항에 한정된다면 나머

지는 단체교섭의 대상이 된다. 단체교섭의 틀로서는 업종 차원의 집단교섭을 제안했다. 여기서는 일반적인 단체교섭사항인 근로조건과 확정된 임금의 배분방식 등을 논의한다.

집단교섭을 수행하기 위해서는 사용자단체의 구성이 필수적이다. 이와 관련하여 정부의 적극적인 역할을 기대하기 어렵다면 노동조합이 개별사용자를 대상으로 '집단교섭 참가 확약서'를 확보하고 이에 동의한 사용자들로 업종 차원의 사용자단체를 구성할 수 있다. 다른 방법으로는 노정협의나 사회적 대화를 통해 전국 차원의 사용자단체를 구성하는 방안도 강구할 수 있다. 전국 차원의 사용자단체가 구성되면 정책협의 사항을 노사 교섭사항으로 전환하는 방안을 모색한다. 물론 이러한 발전은 최소한 정부의 암묵적인 동의와 지원 없이는 이뤄지기 어려울 것이다.

정책협의와 집단교섭을 위한 물적 토대로서 노동조합의 조직형태도 논란의 대상이다. 노동조합이 협의 및 교섭의 과정에서 대표성과 이행능력을 확보할 필요가 있기 때문이다. 노동조합 사이의 통합과 산별화가 시급한 이유가 여기에 있다. 역으로 정책협의와 집단교섭이 현실화된다면 산별노조(연맹) 사이의 통합은 물론 노조운영의 집중화·산별화도 탄력을 받게 될 것이다. 만일 공공기관에서 집단교섭이 성립된다면 이는 민간부문에서도 다사용자교섭(multi-employer bargaining)을 촉진하는 요인이 될 것이다. 이러한 움직임은 궁극적으로 노사관계에서 산별체제를 형성하는 경로에 해당된다.

산별노조운동이 임금의 극대화 내지 산별 경제주의에 머물지는 않는다. 산별체제가 한편으로는 임금의 평준화를 통한 연대의 실현에 무게를 둔다면 다른 한편으로는 사회운동 노동주의(social movement unionism) 혹은 공공서비스 노조주의(public service unionism)를 실현하는 물적 토대가 된다. 그간 우리나라의 노동운동이 기업별 체제에 갇혀 왔다면 이는 공공기관 노조들이 선두가 되어 산별체제의 모범을 만드는 노력이기도 하다.

공공기관에서 정책협의-집단교섭이라는 교섭구조는 결국 공공기관 노조와 정부 사이의 합의에 의해 결정될 수밖에 없다. 노정 사이의 정책협의가 공공기관의 사회적 대화기구 내에서 이뤄진다면 교섭경로를 설계할 수 있는 공간 역시 사회적 대화기구다. 만일 공공기관의 사회적 대화기구가 구성된다면 우선적인 논의의제는 정책협의와 집단교섭구조를 어떻게 설계하는가가 될 것이다. 공공기관의 사회적 대화기구가 활성화되면 내부적으로는 정책개입을 통해 노동운동의 공공적 가치를 실현하고 외부적으로는 산업·업종 차원의 사회적 대화를 촉진하는 계기가 될 것이다.

참고문헌

공공노련. 2016. 「주요 노동입법 과제」. 내부자료.
김기우·조임영·김영미. 2017. 『사회공공성 제고를 위한 공공기관의 단체교섭에 관한 법률 제정에 관한 연구』. 한국노총 중앙연구원·전국공공노동조합연맹·전국공공산업노동조합연맹.
김성규·김성훈. 2010. 『EU국가의 노동조합 재구조화 과정 사례연구』. 한국노총 중앙연구원.
김태영. 2017. "서울시 5개 투자기관 2016년 성과연봉제 관련 집단교섭 사례." 고려대 노동대학원·노동문제연구소·전국공공운수노조 공동주최 제4회 노동학 콜로키움 공공부문 노정교섭 방안 자료집.
김철. 2017. "국정농단이 망가뜨린 공공부문, 어떻게 복원하고 개혁할 것인가?" 발표문.
김형배. 2010. 『노동법』 제19판. 박영사.
노광표. 2016a. "공공부문 개념정의와 현황." 『공공부문 정책이슈 보고서』. (11월호). 전국공공산업노동조합연맹(8월호).
_____. 2016b. "공공부문 단체교섭의 진단 및 평가." 『공공부문 정책이슈 보고서』. (11월호). 전국공공산업노동조합연맹.
_____. 2017a. "공공기관 노조조직 현황."
_____. 2017b. 「공공부문 노동개혁 10대 과제」. 한국노동사회연구소 이슈페이퍼 제5호(4.5).
랠프 달링턴. 2015. 『사회변혁적 노동조합운동 20세기 초 유럽과 미국의 신디컬리즘』(이수현 옮김). 책갈피
박태주. 2001. "공공부문 단체교섭 구조에 관한 연구." 『노동사회』 제56호(7월호) ~ 제57호(8월호).
_____. 2009. "금속산별 중앙교섭의 경과와 결정요인." 『경제와 사회』 가을호(통권 제83호).

_____. 2016a. "노동은 대안성장전략의 주체가 될 수 있는가: 산별체제 구축을 위한 시론." 『노동연구』(제33집). 고려대학교 노동문제연구소.

_____. 2016b. "한국에서 '근로자이사제'의 도입은 어떻게 가능한가: 서울시 투자·출연기관의 시도를 중심으로." 『노동법 포럼』. 노동법이론실무학회.

_____. 2016c. "산별노조의 전진은 멈추었는가: 보건의료노조의 산별체제 발전전략을 중심으로." 서울사회경제연구소 엮음. 『노동현실과 희망찾기』. 한울.

박태주·김정한·김현준·박장현. 2002. 『공공부문 단체교섭 구조의 설계』. 한국노동사회연구소.

이문호. 2016. 서울시 투자출연기관의 집단교섭 및 사적조정 도입방안 모 부문의 단체교섭구조에 관한 연구』. 산업연구원.

선학태. 2011. 『사회적 합의제와 합의제 정치』. 전남대학교 출판부.

신정완. 2010. "스웨덴 연대임금정책의 정착과정과 한국에서 노동자연대 강화의 길." 『시민과 세계』. 제18권.

양대노총 공공부문노동조합 공동대책위원회. 2012. 『공공기관 임금정책 연구』.

유병홍·박용철. 2014. 『공공부문 및 민간서비스산업 작업장규칙 형성실태 연구(Ⅱ)』. 한국노총 중앙연구원.

유병홍. 2016. "노동조합 통합에 대한 연구."

유병홍·이정봉·허인(발간예정). "지방공공기관 노사관계 발전방안-주요 지방자치단체의 공공기관 사례 비교를 중심으로." 한국노총 중앙연구원.

윤자호. 2017. 「공공기관 노동조합 현황」. 공공노련 이슈보고서 제31호 색. 노사민정 서울모델 포럼 제1회 발제자료.

이병훈·배손근·박영범. 2005. 『공공부문 노사관계의 개선방안 연구』. 노사정위원회.

이정봉. 2017. 「지방공기업 노동조합 현황」. 『지방공기업노사관계 사례비

교연구』. 한국노총 중앙연구원 보고서
이주호. 2016. "보건의료노조 산별운동현황과 과제." 고려대학교 산별연구 워크숍 발표자료.
이철수·강성태. 1997. 『공공부문 노사관계법』. 한국노동연구원.
정재하. 2005. 『공공부문의 범위와 고용변화 분석』. 한국노동연구원.
정주연. 2008. "산별교섭으로의 전환의 장애물들: 국제비교적 시각의 분석." 은수미·정주연·이주희. 2008. 『산별노사관계. 실현가능한 미래인가?』. 한국노동연구원.
채준호. 2012. "영국 공공부문 임금결정시스템 연구: 임금평가기구를 중심으로." 『EU학연구』 한국EU학회 제17권.
헌법재판소. 1993. "1993년도 정부투자기관 예산편성 공통지침 위헌확인"(92헌마293, 1993.11.25. 전원재판부)
＿＿＿. 2001. "2001년도 정부투자기관 예산편성지침 위헌확인"(2001헌마228, 2002.1.31. 전원재판부).

Clegg, H. A. 1976. *Trade Unionism under Collective Bargaining: A Theory Based on Comparison of Six Countries*. Oxford: Basil Blackwell.
Cohen, H. 1980. *You Can Negotiate Anything*, A Citadel Press(코헨, 허브 2001. 강문희 옮김. 『협상의 법칙(Ⅰ)』. 청년정신).
Dahl. A. R. 1985. *A Preface to Economic Democracy*, University of California Press(배관표 역. 2011. 『경제민주주의에 관하여』. 후마니타스).
Ferner, A. 1994. *The State as Employer*. Hyman, R. et al. eds., New Frontiers in European Industrial Relations. Oxford: Basil Blackwell.
Fairbrother, P. 1996. Workplace Trade Unionism in the State Sector. Ackers, P. et al., eds. T*he New Workplace and Trade Unionism.* Routledge.
＿＿＿. 1999. The role of the state and Australian public sector industrial relations. *New Zealand Journal of Industrial Relations*. Vol.24. iss.3.

Katz, H. C. and T. A. Kochan. 2000. *An Introduction to Collective Bargaining and Industrial Relations*. second ed. Boston: McGrow-Hill.

Traxler, F. 2003. Coordinated bargaining: a stocktaking of its preconditions, practices and performance. *Industrial Relations Journal* 34: 3.

서울시. 서울모델협의회. 전국공공운수노조 성명서. 보도자료. 회의자료. 전국공공운수노조. 서울모델협의회 관계자 면담자료.

찾아보기

(ㄱ)

경영참여 16, 17, 65, 66, 71, 73, 112, 117
경영협의회 66
경제민주주의 15, 184, 189
공공기관 사용자협의회 52
공공기관운영법 17, 18, 36, 62, 112, 113, 119, 124, 130
공공기관운영위원회(공운위) 112, 113, 114, 115, 119, 130, 180
공공노련 33, 47, 56, 58, 76, 86, 93, 109, 173, 179
공공부문 발전위원회 33, 37, 172
공공서비스 노조주의 64, 72, 186
공공성 3, 62, 64, 70, 71, 72, 116, 143, 147, 159, 168
공공연맹 33, 47, 48, 56, 58, 59, 76, 85, 87, 88, 99, 109, 164, 166, 173
공공운수노조 47, 48, 56, 58, 76, 85, 87, 98, 99, 100, 104, 105, 106, 109, 130, 137, 139, 145, 148, 156, 161, 166, 169
공동결정제도 65, 66, 71
교섭집중화 145, 146, 160, 170
국제노동기구(ILO) 119
금융노조 33, 47, 56, 58, 76, 87, 96, 98, 110, 173
기금관리형 준정부기관 77, 80
기업별노조 58, 87, 107, 138, 144, 147, 160, 168
기획재정부 18, 31, 33, 44, 74, 112, 116, 139, 162, 173

(ㄴ)

노동배제의 정치 14
노동위원회 5, 51, 53, 55, 126, 128, 129
노동이사제 50, 62, 66, 117
노사자율주의 148, 149, 153, 154, 155, 160

찾아보기 | 191

노사정서울모델협의회　50, 134, 135, 136, 139, 142, 143, 160, 161
노사정위원회　33, 60, 61, 62, 63, 65, 130, 135, 172, 180
노정교섭　28, 29, 33, 36, 37, 38, 62, 70, 110, 111, 119, 123, 127, 130, 132, 139, 148, 156, 180, 184
노조및조정법　149, 151, 152

(ㄷ)

대각선교섭　144
대안적인 임금교섭구조　29

(ㅁ)

문재인 정부　61, 65, 66, 110, 121
민영화　14, 62, 88, 112, 116, 179
민주노총　56, 57, 60, 65, 80, 84, 87, 98, 106, 109, 111, 114, 134, 135, 137, 164, 180

(ㅂ)

보건의료노조　47, 48, 50, 56, 58, 76, 87, 98, 105, 106, 107, 109, 110
보충교섭　24, 334, 39, 44, 48, 65
분권화된 기관별 교섭　125

(ㅅ)

사적조정　36, 51, 53, 55, 132, 133, 139, 150, 152, 153, 154, 160
사회적 대화　16, 18, 42, 45, 60, 61, 64, 71, 174, 185, 186
사회적 대화기구　16, 26, 3, 33, 42, 45, 49, 50, 60, 61, 62, 63, 115, 130, 184
사회적 연대　70, 71, 72
산별노조　5, 15, 16, 33, 46, 47, 48, 51, 56, 58, 66, 70, 73, 74, 76, 87, 95, 107, 124, 127, 144, 160, 163, 185
서울메트로　51, 92, 166
성과연봉제　14, 35, 37, 50, 51, 62, 112, 118, 132, 133, 134, 136, 137, 140, 141, 47, 150, 154, 156, 160, 162, 169, 174, 177
시장형 공기업　77

(ㅇ)

양대 노총 공대위　22, 45, 47, 56, 76, 166
연공형 임금체계　21
예산편성지침　22, 29, 32, 33, 39, 44, 45, 119, 173, 174, 179
이명박 정부　111, 112

임금·근로조건위원회 24, 42, 43, 44
임금격차 28, 37, 167, 173
임금피크제 14, 62, 112, 137, 167, 177

(ㅈ)

전국공공노동조합연맹(공공연맹) 33,
    47, 48, 56, 58, 76, 85, 87, 88, 89,
    99, 109, 110, 164, 166, 173
전국공공산업노동조합연맹(공공노련)
    33, 47, 56, 58, 59, 76, 86, 87, 93,
    95, 109, 113, 173
전국공공운수노동조합 99, 135
전국금융산업노동조합 57, 82, 96
준시장형 공기업 18, 77, 80
중앙공공기관 18, 74, 75, 77, 99, 100,
    105, 106
지방공기업 17, 56, 74, 75, 83, 86, 99,
    100, 104, 132, 137, 142, 143, 157,
    159, 161, 163, 165, 171
집단교섭 4, 5, 23, 25, 26, 36, 38, 42,
    46, 48, 51, 53, 54, 55, 65, 125, 130,
    134, 136, 140, 144, 153, 168, 170,
    185
집단교섭 운영합의 132, 133, 142, 147,
    150, 160

(ㅌ)

탈정치화 30
퇴출제 62, 136, 141, 150, 179

필자소개

박태주

고려대학교 노동문제연구소 선임연구위원

서울대학교 경제학과를 졸업하고 고려대학교 대학원에서 노동경제학을 전공했으며 영국 워릭(Warwick)대학교에서 노사관계를 주제로 박사학위를 받았다. 1987년 산업연구원에서 정부출연연구기관 최초로 노조를 결성, 노조위원장을 맡은 이래 전국전문기술노조연맹(현 민주노총 공공운수노동조합) 위원장, 공공부문노조대표자회의(공노대) 상임공동대표를 지냈다. 전국보건의료산업노조 정책자문위원장을 거쳤으며 노사정서울모델협의회 위원장과 경제사회노동위원회 상임위원을 역임했다. 산에 다니며 야생화를 관찰하고 사진찍기를 즐긴다.

이종선

고려대학교 노동문제연구소 부소장

고려대학교 사회학과를 졸업하고 동 대학원에서 "한국의 신자유주의적 구조개혁과 노동시장제도 변화 연구"로 사회학 박사학위를 받았다. 통일연구원 책임연구원, 한국직업능력개발원 부연구위원, 대통령비서실 사회정책비서관실 행정관으로 근무하였다. 저서로는 『DJ 정부의 구조개혁과 노동시장 변화』(백산서당), 『세계의 지역혁신체계(공저, 한울아카데미)』 등이 있다.

노광표

한국노동사회연구소 소장

1980년대 초반 대학을 다녔고, 1995년에 설립된 한국노동사회연구소에서 줄곧 일해 왔으며, 현재 소장직을 맡고 있으며, 한국고용노사관계학회 부회장, 서울시 투자출연기관 노사정협의회 위원장으로 일하고 있다. 저서로는 『노동운동의 미래의제: 기업의 사회적 책임』(공저), *The Evolution of Korean Industrial and Employment Relations*(공저)가 있다.

유병홍

고려대학교 노동문제연구소 연구위원

고려대학교 경영학과를 졸업하고 동 대학원에서 노사관계를 주제로 경영학 박사학위를 받았다. 민주노총 전국공공운수노동조합 정책 담당자로 일하면서 공공연맹 정책실장, 민주노총 정책실장을 역임했으며, 현재 한국노동사회연구소 객원연구위원으로 있다. 저서로는 『한국우량기업의 노사관계 DNA』(공저), 『한국의 노사관계: 산업별 동향과 전망』(공저), 『고용관계론』(제2판, 공저) 등이 있다.

노동학총서 3

공공기관 노정교섭

초판 제1쇄 펴낸날 : 2019. 10. 30

지은이 : 박태주·이종선·노광표·유병홍

펴낸이 : 김 철 미

펴낸곳 : 백산서당

등록 : 제10-42(1979.12.29)
주소 : 서울 은평구 통일로 885(갈현동, 준빌딩 3층)
전화 : 02)2268-0012(代)
팩스 : 02)2268-0048
이메일 : bshj@chol.com

※ 저작권자와의 협의 아래 인지는 생략합니다.

값 16,000원

ISBN 978-89-7327-553-3 93330